スイスの山の上にユニークな高校がある

スイス公文学園高等部の秘密

大西展子

レザンの風景。名峰ダン・デュ・ミディをはじめ雄大なアルプスが広がっている

スイスシャレー風のスイス公文学園高等部の校舎と寮

英語による［物理］の授業。
コンピューターの基本的構造を学習

10年生の［数学］の授業。
活発な質疑応答の声が教室に響く

10年生の［オーラル・コミュニケーション］（英会話）の授業

ラウンジでくつろぎながら、外国人教師と英語で歓談

「現代文」や「古典」は日本語で。日本人としての心を養う

英語による「美術」の授業。自由に、感じるままにが基本

英語による「生物」の授業。発表風景は光合成について

三食をとるカフェテリアのサラダバー。
新鮮な野菜類が並んでいる

19時から21時までは自室での自習時間

放課後、教科担任から
個別指導を受ける場合も

男子寮のジャクジー。
自室のシャワールームと併用する

校舎、寮とは別棟にある図書室。
英語の書籍がそろう

女子寮のランドリー。
自分の洗濯物は自分で洗うのが基本

男子寮最上階のロフトにある
レクリエーションルーム

カフェテリアには女子生徒が
好きなアイスクリームも並んでいる

同室の上級生は率先して、
下級生の学習にアドバイスを与える

カフェテリアは語らいの絶好の場。
椅子、テーブルクロスは明るいオレンジ色

サッカー部の対抗試合。
インターナショナルスクールとの交流を深める

毎年4月に行われる英語ミュージカル

ポルトガル・リスボンへのヨーロッパ文化旅行。
エンリケ航海王子のモニュメント前

対抗試合終了後の
バスケットボール部のメンバー

冬季（1月～3月）のアクティビティ。
スノーボード風景

毎年1月、オランダ・ハーグで開催される
模擬国連に参加

アフリカ・ザンビアで活動する
ボランティアトリップ

コンサートバンド部。世界中の
インターナショナルスクールが
集う音楽祭にも参加

ワイン用のブドウ畑に囲まれたエーグル城。この中世の威厳に満ちた城内で卒業式が行われる

スイスの山の上にユニークな高校がある

スイス公文学園高等部の秘密

大西展子

はじめに

この本のタイトルを見て多くの方は、

「いったいどんな学校？　聞いたことない」

「スイス？　海外じゃ、ちょっと遠すぎる」

などと、思われるかもしれません。でも、そんな疑問や不安な気持ちは、一度きれいに頭の中から消してみてください。というのも、私自身がこの学校の詳細を聞いたとき、「ああ、高校受験にこんな選択もあったのか。でも、この学校の存在すら知らなかった」

という、悔しい思いをしたからです。

だからこそ、これからお子さんの進学先を検討している方たちに、ぜひ知ってもらいたい、こんなユニークな高校があるのだということを。私のように、知らなかったために、もしかしたら、自分の子どもにはベストだったかもしれない学校へ導くことができなかった、という苦い思いを、誰にもしてもらいたくないからなのです。

もちろん、ほとんどの親たちはお子さんを交え、たくさんの高校の中から本人の学力、あるいは、その学校の校風などを踏まえて、受験校を絞っていくと思います。でも、そんなとき親は、何を基準に学校を選ぶべきなのでしょう。果たして目の前のことにとらわれることなく、お子さんの将来をきちんと見すえて、その子に合った学校を選んだと、みなさんは自信を持って言えるでしょうか。

単に自宅に近い周辺校からではなく、幅広い地域、もっと言えば、世界にも目を向けて探してみようとチャレンジしてみた方は、何人いらっしゃることでしょう。たぶん「資金的に無理」とか、「海外なんてとんでもない」と、はなからおっしゃる方が、ほとんどなのではないでしょうか。

私自身、現在、大学三年の長男と中学三年の長女がいますが、実際、長男のときの高校選びを振り返ると、ずいぶんと安易に、なかば本人まかせで決めてしまいました。それこそ、まわりの長男の同級生たち同様、近くの公立校、そして万が一、不合格だったときのために私立校を受けるという、今まで多くの受験生たちがたどってきた道を踏襲することに、何ら疑問を持たなかったのです。

もちろん、最初の子であったこともあり、すべてが初めての経験であったために不慣れな点もありました。でも、真剣に息子と向き合い、どこの学校がもっとも合っているか、とことん語り合って決めただろうかというと、それはノーです。とりあえず家から通学可能で、子どもの学力、能力に合い、校風が良ければそれでオッケー、という、大多数の親ごさんたちと、なんら変わりませんでした。

もちろん当時から、いわゆる「ボーディングスクール」、つまり、同世代の若者たちがともに生活しながら学ぶという、寄宿制の学校の存在は知っていました。だけど、それは裕福な家庭の子どもたちが行くところで、うちには関係のない話と、初めから選択肢の中に入れることなど、考えてもみませんでした。

また、お恥ずかしい話ですが、当時の長男は勉強よりクラブ活動（バスケットボール）や、ゲームや友だちと遊ぶことに夢中で、反抗期とも重なって、ラクな受験を選んだように思えます。要するに、もっと上位校を目指して、必死に受験勉強に励むのではなく、そこそこに勉強し、通うのに便利な中堅の共学校に入れればいいや、という感じだったでしょうか。

今さらの話ですが、そのときにもっと長男と話し合い、彼の人生設計を共有し、わが子に合った高校を一緒に選んでいたら、何かが変わっていたのではないか。もっと言うなら、高校の選択に「海外留学」も視野に入れて考えても良かったのではと思います。もしもそうだったら、長男のその後の人生は、まったく違うものになっていたかもしれません。

特に、いまだに苦手意識の強い英語力を身につけさせることができたかもしれないし、それ以上に混とんとしている、彼の現状を改善する手立てを見つけられたかもしれない。何よりも本人の「ヤル気」を引き出させてもらえ、学力はもとより人間的な成長を促し、将来に対して、もっと前向きに生きていく力が養えたのではないだろうか、と今も、たまに考えることがあります。しかし、後悔は先に立たず、です。

ほんの少し親の視界を広げただけで、子どもに多くの選択肢や方向性を示すことができるのなら、ここに目を向けることが必要なのではないでしょうか。一四、一五歳という年齢は、まだまだ心身ともに「揺らぎの時期」です。ましてや自分で様々な学校を調べ上げ、チャレンジすることができるという子どもは、それほど多くはないでしょう。まさにこんな時こそ、親の出番であると思うのです。

これから、この「スイスの山の上の高校」がどんなところにあり、生徒たちはどんな生活を送っているのか。日々の生活ぶりや、保護者や友だち、先生との関係、そして卒業後の進路や彼らの将来像などを、私なりの視点で正直に記してみようと思います。読み進むうちに、きっと新しい発見やわが子への希望や期待が、あなたの胸にふくらむことは間違いないでしょう。

さっそく、そんな道への扉を開くことにします。何だか、ワクワクしてきませんか?

目次

はじめに 3

第一章　「KLAS」がスイスにあることの意味 13

スイス・レザンにあるスイス公文学園高等部 14
スイスで子どもたちは何を学ぶのか 18
個人旅行の考え方と交換留学 26
ボランティアトリップで学ぶこと 32
アルバイトで資金をためる 36
世界中の高校生が集まる模擬国連 44
スイス公文学園高等部を知ってさえいれば 51

第二章　ボーディングスクールで成長する子どもたち 59

一人部屋でなく複数の集団生活 60
先輩たちは兄や姉のような存在 64
寮生活が育む同室愛 69

寮生活を通して芽生える両親への感謝 73
一年間が過ぎて変わったこと 81
充実したカウンセリング態勢 86
男女間のルールと性教育の重要性 92
集団生活には規則があるということの理解 99
ＫＬＡＳの教育理念の根本は人間教育 104
個性的な生徒の居場所が少ない日本の高校 110

第三章 「ＫＬＡＳ」が育む人と人との信頼 117

寮生活で何かが変わる 118
寮母は常に公平でなければならない 123
話を聞く。問題は生徒たち自身が解決する 131
ルールさえ守れば後は生徒たちの自由に 138
わが子の何が変わったか 146
保護者自身が行きたいと思う学校 154

夢を語り始める子どもたち …… 160
ＫＬＡＳ卒業生が母校の教師に …… 170
わが子をＫＬＡＳに入れたい …… 178
公文式学習を続ける意味 …… 189

第四章　「ＫＬＡＳ」から旅立つ国際的な日本人 …… 195

とても忙しい生徒たち …… 196
飛躍的に上がるＴＯＥＩＣの点数 …… 202
ユニークなＫＬＡＳの進路指導 …… 210
有名大学進学者も増加 …… 216
受験テクニックではなく「生きる力」を身につける …… 222
卒業生たちがＫＬＡＳを振り返って感じること …… 226
卒業生に学ぶ在校生たち …… 242

おわりに …… 250

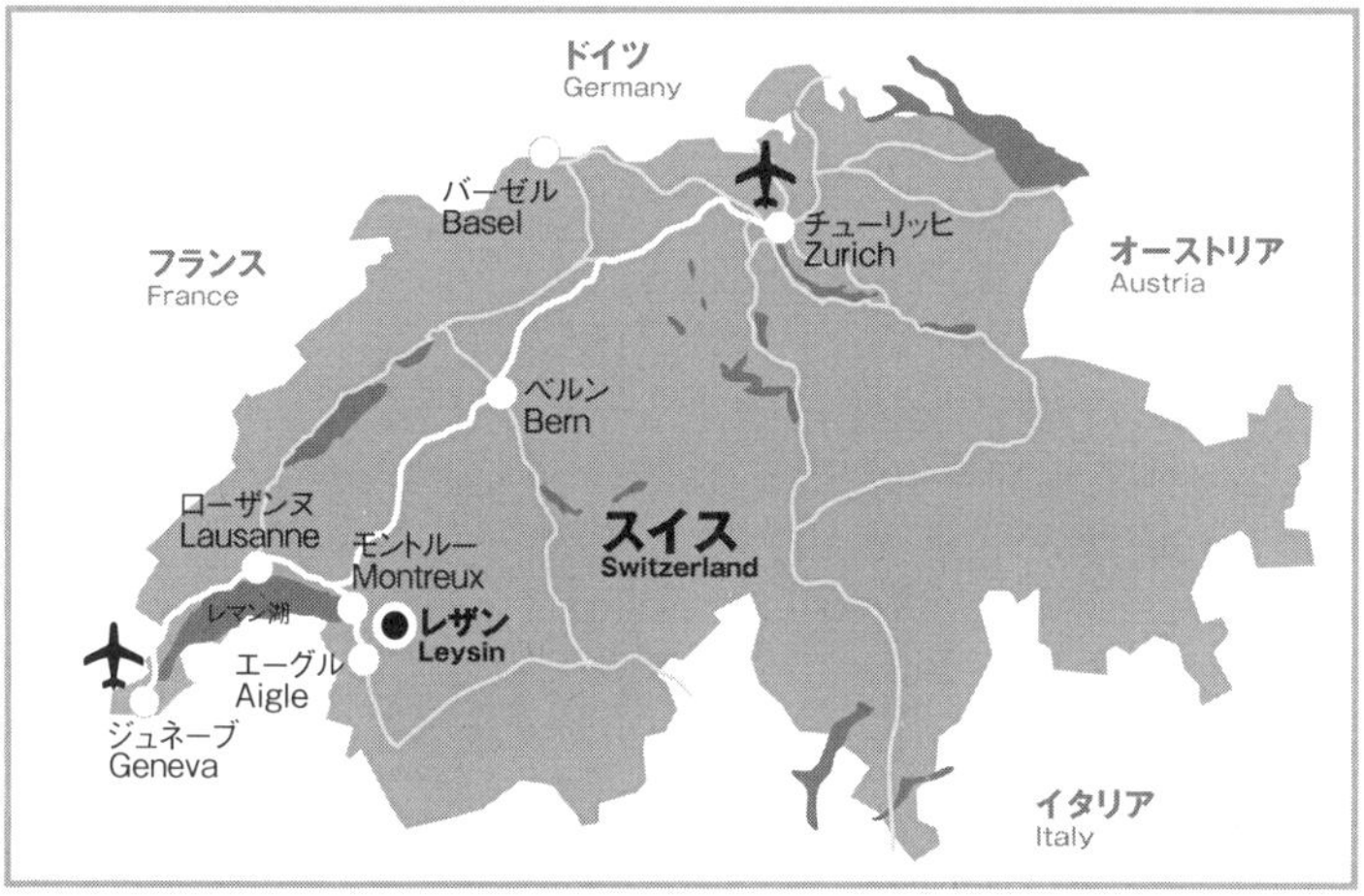

■スイスの主要都市からエーグルまで

1.ジュネーブ空港から

ジュネーブ空港からエーグルまでは、次の都市を通って直通列車で約1時間25分かかります。

ジュネーブ空港[Geneva Airport] → ジュネーブ[Geneva,Cornavin](10分)
→ ローザンヌ[Lausanne](45分) → エーグル[Aigle](30分)

2.チューリッヒ空港から

チューリッヒ空港からエーグルまでは、次の都市を通り、ローザンヌで乗り換えて
約3時間20分かかります。(乗り換え時間を含む)

チューリッヒ空港[Zurich Airport] → チューリッヒ[Zurich HB](10分)
→ ベルン[Bern](60分) → ローザンヌ[Lausanne](70分)
→ エーグル[Aigle](30分)

■エーグルからレザンまで

エーグルからレザンまでは、登山電車で約30分かかります。エーグルの駅前広場で15／16番線の[Aigle-Leysin]と表示してある電車に乗ります。降車駅は、フェイデイ[Leysin-Feydey]が便利です。

エーグル[Aigle] →森を抜ける→ヴィラージュ[Leysin-Village] →ヴェルモン[Leysin-Vermont] →フェイデイ[Leysin-Feydey](30分)

■学校までは、フェイデイ駅より徒歩約5分です。

第一章

「KLAS」がスイスにあることの意味

スイス・レザンにあるスイス公文学園高等部

さて、なぜ私がこの学校にこれほどの興味を持ったのか。

それは、あるとき、ひょんなきっかけで友人から、

「こんな素晴らしい高校がスイスにあるよ」

と、教えられたのが最初でした。

「スイス公文学園高等部？」

「なぜ、そんなところに高校があるの？」

「いったいどんな高校で、どんな教育をしているの？」

「生徒は全員、日本人？」

など、なぜか心にひっかかるものがあって、次から次へと質問をしたのを、今さらのように思い出します。

『スイス公文学園高等部』（Kumon Leysin Academy of Switzerland・略称「ＫＬＡＳ」）にご興味のある読者のみなさまに、これから私が見た、ありのままのようすをご紹

エーグルから30分ほど、森を抜けると現れるレザンの最初の駅［ヴィラージュ］

介していこうと思います。お子さんたちの学校選びの際に選択肢の一つとなるなら、これほどうれしいことはありません。

スイス・ジュネーブから約二時間のリゾート地、レザン。フランス語を公用語とし、スイスアルプスの南斜面に広がる、標高一二〇〇メートルほどの高地にあり、夏は避暑地として、冬はスキーやスノーボードなどの国際大会も行われる、スキーリゾートとして名高い小さな町です。安全なスイスの中でもとりわけ治安が良く、洗練された土地柄と明るい雰囲気が、町中に漂っています。

スイスはヨーロッパの中央に位置し、レザンにしても、大自然を満喫できる場所であると同時に、世界レベルの文化に触れようと思えば、それが容易にできるロケーションにあります。

たとえば、登山電車で三〇分ほど下ると、封建領主が治めた、中世の都市の面影を今も色濃く残している町エーグル。その名の由来は、ワシを示す古いゲルマン語からきているそうです。以前はサボア家が居城とし、今はワイン用のブドウ畑の中にたたずむエーグル城は、世界史の教科書に描かれた世界を体感できる場所の一つ。このお城の中で毎年、KLASの卒業式が行われます。

そこからさらに、電車で一五分ほど行くと、レマン湖畔のリゾート都市モントルーに着きます。モントルーは、今や世界最大級の音楽イベントとなったジャズフェスティバルが一九六七年から開催されているだけではなく、ルソーやバイロン、ヘミングウェイなどの文豪たちに、創作のインスピレーションを与えたことでも知られる町です。

さらには、パリやミラノまで電車で直行できるローザンヌには、電車で約一時間。国連ヨーロッパ本部をはじめ、多様な国際機関が置かれるジュネーブへも二時間

スイス公文学園高等部［ＫＬＡＳ］の正式名は[Kumon Leysin Academy of Switzerland]

程度で着くという、魅力的な立地条件にあります。

日本からスイスまでの飛行は、ドイツ・フランクフルト空港経由など、行き方の手段はいくつかありますが、私は成田空港からチューリッヒ空港まで一二時間、そこから国内便でジュネーブ空港まで五〇分というコースで行きました。そして、ジュネーブ空港駅からジュネーブ、ローザンヌ、モントルーと、レマン湖を右に見ながら列車で一時間三〇分ほど。エーグルで登山電車に乗り継いで、三〇分ほどで、KLASのレザンでの最寄り駅、フェイディ駅への到着となります。

レザンは、人口四〇〇〇人ほどの素朴な雰囲気の町。KLASの校舎や寮は、このレザンの町なみを見下ろす丘の中腹に立っていて、見晴らしが良く、フェイディ駅から学校までは徒歩で五分程度という近さです。そして、目の前には、のこぎりの刃のようなぎざぎざの頂を持つ、名峰ダン・デュ・ミディを中心とした山なみが広がっています。

とにかく、ロケーションの素晴らしいこと。私はまるで、アルプスの少女ハイジになったようで、周囲の山々の間に、山小屋風の家が点々とある牧歌的な風景が広がっているのを見ると、芯から心がいやされ、謙虚な気持ちになってきます。この圧倒的な自然の魅力は一度経験すると、何度も訪れたくなることでしょう。

スイスで子どもたちは何を学ぶのか

ＫＬＡＳの大きな利点の一つには「地の利」があげられます。ヨーロッパの中央に位置するため、ヨーロッパの国々へのアクセスはとても便利です。

生徒たちは、様々な文化背景を持つ外国人の教職員や、インターナショナルスクールなど、他校の外国人の生徒とも交流しながら言語を習得し、異文化を理解する力をつけるのはもちろんのこと、ドイツ、フランス、イタリア、オーストリア、リヒテンシュタインと国境を接し、ドイツ語、フランス語、イタリア語、そしてロマンシュ語の四種類の言語圏からなる多民族国家スイスに住むことで、様々な国に訪れる機会を得ることができるのです。

こんな素晴らしい環境を生かすべく、学校行事として年に二回、「文化旅行」を設けています。四泊五日の「ヨーロッパ文化旅行」と、三泊四日の「スイス文化旅行」で、おのおの二〇人程度のグループに分かれて、各地の歴史や文化に触れるのが目的です。帰校後には、一日のレポート作成日があって、生徒は見たもの感じたことを英語でまとめて提出します。

この旅行は、生徒たちだけで地図を見ながら町を歩く時間が多いので、日本語が通じないのはもちろん、案内人もいませんから、ホテルなどが分からなくなれば、英語で近くの人に聞くなど、自分たちで何とかしなければなりません。チェコやポルトガルなど、普通ではなかなか行けないような所へも出かけていき、生徒はその場所での実際的な体験を重ね、ヨーロッパを肌で感じながら、様々な文化や歴史を自然に学んでいくのです。この方法ですと、ただ本を読んだり人から話を聞いたりすることに比べ、何倍もいろいろなことを吸収することができるのです。

また、休暇中に希望者は、ギリシャ・エジプト・トルコ・北欧などへの「オプショナルトリップ」に参加できますし、英語力を伸ばすためにアメリカ・イギリス・カナダなどで「ホームステイ」をすることもできます。

ですから、生徒によっては、休暇中も日本へ戻らず、アクセスのいいスイスにいる間は、できるだけヨーロッパ中を旅して回るという子も珍しくはありません。

何を目的とし、どの国へ行くのか、すべて自分たちで計画し実行するのですから、たいへんな手間もかかります。日本国内の旅でさえ、どこへ行き、そこで何を見て回るのかを計画し、何泊かのスケジュールを決め、移動手段のチケットを取り、宿泊するホテルの予約をするなど、しなければならないことはたくさんあります。それと同じことを言葉がなかなか通じない異国でするのですから、トラブルが起きるのも仕方ないことかもしれません。それだからこそ、何とか乗り越えて自分たちの旅程を無事こなしたときの達成感は、想像を超えるほどに、大きなものとなって生徒たちの心の中に残るのです。

第一七期生の馬場圭斗君（二〇〇九年六月卒業・二〇一〇年春、新潟大学法学部入学）が休暇を利用して、親しい友だちと、初めてフランス・パリに出かけたときのこと。パリは昼間の顔と夜の顔とではまったく違うそうで、日が落ちて暗くなると、あたりの雰囲気は一変し、外を歩くのが本当に怖く感じたと言います。「学友たちからは、被害にあっても『注意していない、おまえが悪い』と言われますから、注意してし過ぎることはないと思います。自分のことは自分で守るということを、僕は初めてのパリで教わることができました。

ホームステイには行く機会はなかったのですが、旅行には本当によく行きました。親しい友だちがみんな、ちょっと変わりものだったせいか、ショッピングが目的なんて一切なく、移民街みたいな場所へ行ったり、歴史博物館へ出かけたり。特にベルリンの壁を見たときは感動しました。『ああ、ここの隙間を通って東ドイツから西ドイツへ抜けたのか。スゲエー』と。やはり、その場に行って初めて体感することが、旅行にはたくさんあるんです。

オーストリアにも行きましたし、オランダにはダブルダッチ（縄跳び競技の一つ。二人の回し手が二本の長いロープを交互に回し、跳び手が技を交えながら、それを跳ぶ）の世界大会に出場するために行きました。

ただ、行く前には『オランダでは普通に麻薬を売っているから、英語で何か言われても絶対にかかわるな、決して買うな』とまわりから厳しく言われました。そのときは何を当たり前のことを言うんだろうと、仲間三人で言い合っていたほど、他人の話だと思っていたんです。だけど、実際にオランダに行ってみると、怪しそうな店がたくさん並んでいました。もちろん、そういう危険な目にはあわずにすみましたけれど」

また、日本では高校三年生にあたる一二年生の高須舞さんは、一〇年生終了後にはパリ、一一年生終了後に、ロンドンの語学学校へ通うためにホームスティをしました。なるべく英語を使おうとして、語学学校に来ている日本人とは話さない、なるべく親しくならないと決めていたそうです。

「毎日、必死に暮らしていたという感じでしたので、語学学校の休みの日に、ロンドンに来ていたKLASの同級生と何とか連絡を取って会えたときは、すごくホッとしたし、本当にうれしく思いました」

異国の地で、クラスメイトに会ったときは、誰もがことのほかうれしくて、思わず駆け寄って抱き合ってしまうそうです。また、フランスで高須さんは、奇妙な経験と同時に、人の優しさにも触れたと話してくれます。

「友だちとエッフェル塔のライトアップを見ていて、夜中の一二時近くになってしまったので、早く帰らなきゃと思って、帰る方向が違う友だちと駅で別れたんですね。彼女はちゃんと帰れたんですけど、私は違う方向の列車に乗ってしまって。降りてまた引き返そうと思って列車を探したら、もう終電が終わっていたんです。

仕方がないからナイトバスに乗ろうとバス停を探している間に、もう一時になってしまった。そしたら、なんとそのとき、突然、頭の上に生卵が落ちてきた。えっ、何なの？って感じで、本当に驚きましたね。訳が分からなかった。でも、どこから、なぜ生卵が落ちてきたのかは、結局分からずじまい。いまだにあれは、不思議でしょうがないんですよ。

それで、何だか怖くなって、たまたま前を歩いていたカップルに、『一緒に歩いてください』とお願いしてナイトバスの所まで行ったんですけど、三〇分待ってもバスが来ないんです。そしたら、そのカップルが『タクシーで帰ろうよ』と言うんですよね。ユーロのタクシーは料金が高くて、いくら取られるのか分からないので怖いぞ、と思ったんですけど、そこでずっと待っていることもできなくて、二人に便乗することにしたんです。ホント、空気を読めない、ですよねえ、本当におじゃまムシ。

そのカップルはイタリア人だったんですけど、私が学生で留学していることを知ると同じ方向だからって、彼らが降りる所まで全部払ってくれたんですよ。私はそこから一〇分ぐらいの料金だけ払えばよかったので、すごく安くて助かりました。さすが大人だなあと思いました」

と、ニッコリ。

旅には失敗談も多い。たとえば、第一期生の宮脇一嘉さん（大阪大学大学院理学研究科修士課程修了・日本エア・リキード株式会社勤務）は、一一年生のとき、冬休みを利用してヨーロッパに遊びにやってきた、中学時代の同級生とドイツ旅行に出かけましたが、一二月二四日、クリスマスイブに非常にひもじい思いをした、と苦笑い。

「みんなその日は、家族と一緒に過ごすんでしょうね。夜はどこへ行っても店が全部、閉まってたんです。駅の売店ならだいじょうぶだろうと行ってみたのですが、ここもやっぱりダメ。仕方ないので、駅の自動販売機で食べるものを買ったんです。昼間は、デパートもどこも開いていたのですが。でも、こういう特別な日は、早めに買い出しをしておかなければいけなかったんですよね。

ただ、いくら何でも、どこかの店は開いているだろうと思うじゃないですか。だけど、国によっては早い時間に店仕舞いをしてしまいますから、そのあたりの予備知識を持ってあらかじめ調べておかないとダメですよね。『きっとどこかは開いてるはず』とか、『何とかなるだろう』なんていう考え方では甘いんだということを、そのとき学びましたね」

そして、もう一つ。もはやＫＬＡＳの伝説となっている、という、友だちの旅のてん末を話してくれました。

「そいつは、持っていった現金をデンマークのコペンハーゲンでなくしてしまって、それこそ車両と車両の連結部分やトイレに隠れながら無賃乗車をして、最終的にエーグルまで帰ってきたんです。コペンハーゲンからなんて、メチャクチャ遠いですよ。一日遅れで寮に戻ってきたときに、『何で警察に事情を説明して、金、借りなかったんだよ』と言ったら『そうやったなあ！』って。そいつは、すごく頭の切れるヤツなんですけど、お金を借りるということすら忘れるほど、とにかく早く帰らなきゃ、という気持ちが先行してしまったんでしょうね」

とはいえ、経験はもちろんのこと、実用的なものが何も身につかないはずはありません。イギリスで二週間ほどホームステイをした女子生徒などは、ずっと英語づけの生活をしていたおかげで、学校に戻ってきたときには、以前より先生たちの言っていることが、ずいぶんと分かるようになったと実感したそうです。

「私がホームステイをした家庭は厳格で、小さいお子さんもいたんですが、たとえ子どもといえども、言葉づかいには特に厳しかったですね。もちろん私も『言葉の初めには必ずプリーズを言いなさい』とか、いつも注意されていましたから、何だか子どもと一緒にしつけられていた感じでした」

とにかく、英語に自信が持てるようになるにつれ、生徒たちは自分で計画して行きたい場所や見たいものがある国へ、どんどんと出かけていくようになります。

そうなると、旅も慣れたもので、旅先でのちょっとしたトラブル解決から、切符やホテルの手配などもお手のものというように成長していきます。

しかも、旅から帰るたびにひと回りもふた回りもたくましくなっていくのですから、つい私などどこんな子どもがいたら心強いだろうな、自分も便乗していろいろな国に連れていってもらえるから便利だな、と彼らの保護者の方たちをうらやましく思ったものでした。どこへでも気軽に飛んでいってしまう生徒たちを見ていると、時代は本当に変わったということを痛感させられます。

個人旅行の考え方と交換留学

次にここで、「プライベートトリップ」についての、学校側の話を書き留めておこうと思います。

長期休暇を利用してのスイスやヨーロッパ内の旅行は、一一年生から二人以上の同性グループで許可しています。一〇年生は海外生活経験が不足しており、自分では責任を負いきれないこともあるだろうということで、許可をしていません。

日本人経営の海外校で、高校生の年齢で自分たちの責任においてヨーロッパ内の旅行を許可している学校はなく、スイス内のほかの「インターナショナルスクール」でもないということです。これは反面、異文化の国を旅行するということが、いかに危険を伴うものであるかということを示しているかもしれません。

そのため、個人旅行に対してKLASは、非常に慎重に扱っています。生徒の旅行計画を担当教員が事前にチェックをし、許可を出した後は、生徒たちが各自の責任で旅行計画を進めるように促します。最終的には出かける前にホテルや列車、飛行機の予約など、確実にできていることを示す計画書が、生徒部へ提出されていることが条件です。

また、保護者は「個人旅行の許可書」を学校に提出する義務があります。この許可書には「全責任を保護者が負います」という一文が入っています。つまり、自分の行動には自分が全責任を負わなければならないという、欧米の考え方が反映されていると言ってもいいでしょう。

許可書については、おもしろいエピソードをお聞きしましたので紹介しておきましょう。それはある年のこと、保護者ツアーで来校した保護者と、生徒会のメンバーが話をしたときに、生徒側が保護者に注意を促した、というものです。

「個人旅行について、簡単に子どもの言いなりになって、安易に許可を出すことのないように。なぜなら、ヨーロッパ内の旅行は治安や生活習慣も異なり、日本国内を旅行しているような気軽さはなく、危険が常に伴うものです。ですから、保護者として子どもが旅行中に事故にあったとしたら、自分が許可を出したのだから死んでも仕方がない、と思えるぐらいの覚悟を当然持つべきで、子どもの旅行地や計画は、詳細に確認してからでないと認めない。安易な気持ちで、気軽に許可を出さないでほしい」

これは生徒たちの経験の中から出てきたものだということのようですが、これらの言葉が、生徒自身から発せられるということに、多少、驚きを感じてしまいました。幸い今までは、パスポートの紛失やスリにあった程度の被害ですみ、大きな事故もなく過ぎているそうです。これも、生徒たち自身のリスク管理がうまくいっているということでしょうか。

生徒たちは、この個人旅行を学校生活の中で経験できる大きな楽しみの一つとしていて、長期休暇が終わるとすぐに、次の旅行のプランを立て始めると言います。たくさんの旅行の経験によって、責任を持って行動する強さが培われ、それが生徒一人ひとりの自信になり、心身の成長につながっていくようです。

このように自分の責任において、異文化のヨーロッパ内を自由に旅行できる若者たちが、今、どのくらいいることでしょう。本当に彼らがたくましくなっていく姿には目を見張るほどです。この体験が「責任の負い方」を学び、自分たちでなし遂げた満足感と自信となって、ゆくゆくは日本を担う若者になってくれることと、期待せずにはいられません。

また、KLASは「エクスチェンジ・プログラム」といって、夏学期に六週間、カナダの二つのハイスクールから毎年二〇人ほどの学生を受け入れています。生徒たちは同世代のカナダ人と、カナダと日本の文化の相違について、事前研究と討議を主とするワークショップを中心にしての相互の体験学習をするのです。

毎年七月、入学早々の一〇年生時には、寮の部屋に入ったとたん、見慣れない外国人学生と出くわして、とても驚いたと生徒たちは口をそろえます。しかし、六週間も生活をともにすると、乏しい英語力を身振り手振りでおぎなったり、あまり言葉に頼らないゲーム、たとえばトランプなどをして、お互いにコミュニケーションを取るよう努力し、徐々に違和感なくつき合えるようになっていくそうです。

さらに、もう一つ「英語集中プログラム」があります。それは「サマーアプロードプログラム」と呼ばれ、夏休みから夏学期にかけて四週間から八週間、英語圏の大学キャンパスで催される、様々な高校生・留学生向けのプログラムを指します。学校から許可を得た生徒は、自分に合ったプログラムを選び、英語圏の大学で学習することとなります。

これまで培ってきた英語力は、この場で一気に花開くと言います。生徒の中には、大学が開講する講座の中から、将来の希望分野に近い経済学や宇宙論などを履修し、認定単位を修得したという例もあるそうです。ここでは単に英語が学習の道具というよりも、もはや自己実現の手段になっています。

一二年生の岩立羽衣さんは言います。

「カリフォルニアの大学へ行ったんですけど、六週間、英語づけだし、友だちもいなかったのでとてもつらかったです。KLASの先生と違って大学の教授は、私には全然、興味を持っていないし、だから私も話しかけたりすることができませんでした。

勉強もとてもたいへんでした。でも、単位は取らなければならないわけですから、がんばらないといけない。しかも、寮に戻っても全員がアメリカ人という状況。彼らは私たちとは、接し方も話し方も違うんですよ。とにかくみんな声が大きくて、オーバーアクション。ニコッとしても、全然、私が笑っているんだということが伝わらないんですよね。もう笑い方なんてウワッハハハハって感じで、『今、私はこんなにおもしろがっているのよ』ってことを体全体で表現するんです。だから、喜怒哀楽を曖昧にやったら、まったく相手には伝わらないんですね。

もちろん、生き方も考え方もまったく違います。何とか乗り越えましたけど、あのときは本当につらかったなあ。でも、あの経験で私はちょっと強くなったぞ、って気はするんです。それ以来、多少のことではへこたれなくなったかな」

一方で、カナダの現地校にエクスチェンジで行った一一年生の石畑俊君は、逆にもっと厳しいと思っていたが、案外、授業はゆるくて拍子抜けしたそうです。

「学校のシステムが違うせいか、学校から受けるプレッシャーというのが向こうの人は軽いんですよ。ホント、おもしろいなと思ったのは、同じ学年の授業を受けたんですけど、たとえば、この宿題を何日までにやってくるようにと言われますよね。で、当日になるじゃないですか。そしたら、四〇人ぐらいのクラスで提出したのは、僕ら日本人三人を入れて五人ぐらいなんです。あれ、と思っていたら、先生が『じゃ、一週間後にはみんな提出してくださいよ』みたいな感じで、先生自身が適当な感じなんです。まあ、いろんな国の人たちとかかわる機会を通して、僕の抱いていた先入観みたいなものが覆されたりしました。僕の中では、英語が確実にグレードアップしていくのが分かったので、得がたい経験にはなったので良かったですけどね」

大学でも高校でも、それぞれが行く学校や国によっても経験値は異なりますが、総じて生徒たちが声をそろえるのは、「いいことも悪いことも、すべてプラス経験になった」ということ。こんな貴重な体験も海外ならでは、ということかもしれません。

ボランティアトリップで学ぶこと

そして、もう一つ。生徒たちを、さらに心身ともに成長させるプログラムがあります。それが「ボランティアトリップ」です。

今、KLASで行われているのは、「ザンビアトリップ」と「ネパールトリップ」です。ザンビアは南アフリカとコンゴの間にある国で、エイズがまん延している、もっとも貧しいと言われている国の一つです。平均寿命が三六歳と、四〇歳を超える人びとは、それほど多くはないと言います。ちまたには孤児があふれていて、孤児院の運営もたいへんな社会問題になっています。その運営を助けているイタリア政府系のNGOの活動に、KLASの生徒たちも参加し、毎年一〇名ほどが孤児院を手伝っているのです。

毎年四月にこのトリップは行われるのですが、生徒たちには非常にいい経験になっているようです。ザンビアは生活環境のインフラも十分ではありませんから、自分たちの生活との落差を理解するだけでもとてもショックを受けて戻ってきます。しかし一方で、孤児院の運営のお手伝いを通して、現地の方がたに喜んでもらえると、それだけで生徒たちはうれしく、そして、大きなやりがいを感じるわけです。

ザンビアだけではなく、ヒマラヤ山脈のふもとに広がるネパールでも同じような活動をしています。東ヨーロッパに位置するボスニアの地で、様々な救援活動をしていたアメリカ系の NGOの支部がレザンにあり、その戦火で混乱したボスニアでの支援活動に生徒たちも以前は参加していたのですが、今はだいぶ社会的に安定してきたこともあって活動の主体がネパールに移され、ボランティアトリップの活動の場所も変わりました。

ネパールの山間部へ行くと電気も通じず、煮炊きをする煙が健康に害をおよぼしている地域がたくさんあります。そこへソーラーパネルなどを取りつけるNGOの活動を、ここ数年、生徒たちはお手伝いしています。

KLASには、熱心にこのネパールの「ボランティアトリップ」を指導してくれる先生がいて、その指導の下で二〇一〇年には一九名の生徒たちが参加しました。現地は標高三五〇〇メートルの場所にありますので、ヘリコプターを使うのが普通だそうですが、KLASの生徒たちは、二日間かけて歩いたそうです。

そういう所で、何か自分も役に立ちたいと思う生徒はたくさんいるのですが、希望者全員を連れていけるわけではありませんから、致し方なく選考をすることとなります。以前の選考基準は、どうしても成績のいい子に偏っていたそうですが、今は勉強のほうはあまりパッとしないけれども、何か行動を起こすと一生懸命に取り組む子や、少し不良っぽかったり、反抗的な態度を示しがちな子をわざと選ぶなど、先生たちは子どもたちに、いろいろな思いを織り込んで送り出しているそうです。

なぜなら、ボランティアトリップをした子どもたちは全員、本当に顔つきが変わって帰ってくるからです。生徒たちにとっては、まさに世界観が変わる旅となるようです。

なにせネパールの山間部には、電気がない、水道も来ていないところが多く、山岳地帯に住む子どもたちの多くは、雪が降っている中をはだしで歩いています。現地の人たちは足の裏が厚くなっているので問題はないと言いますが、それでも怪我をしたり、それが元で病気になったりもするそうです。

そこで靴を買って持っていって配るのですが、それはもう、子どもたちは必死になって行列に並び、靴をもらった瞬間、ものすごくうれしそうな顔をして駆け回ったりするそうです。そういう姿を見るだけで、ボランティアに参加した生徒たちは「自分たちは何というぜいたくな生活をしていたのか」を思い知らされると言います。感受性の強い一〇代の子どもたちは、私たち大人より何倍もいろいろなことを感じ、吸収して帰ってくるそうです。

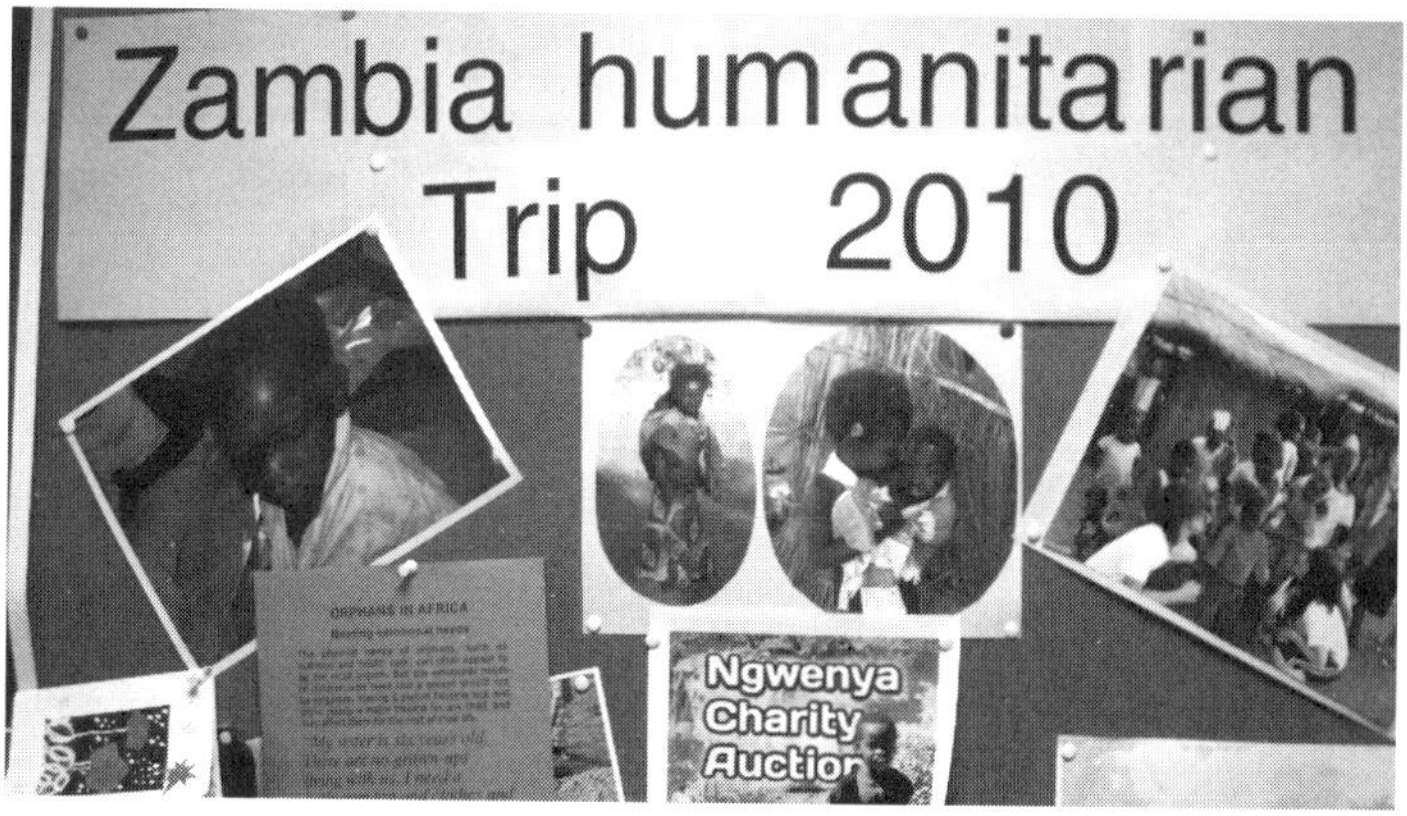

2010年の［ザンビア・ボランティアトリップ］の写真を貼り出し、全校生徒と共有する

アルバイトで資金をためる

その生徒たちにしても、親からの仕送りの中から救援物資にかかる費用を出すわけではなく、自分たちでアルバイトをしてお金をためてまかなうのです。

アルバイトの種類は学校の内外にいろいろとあり、生徒一人ひとりの特技やアイデアを生かして実行しているようです。たとえば、先生の肩たたきというお駄賃レベルのアルバイトから、先生の自宅に「掃除しますから雇ってください」とやってくる生徒もいて、教師たちも自宅の窓ふきや洗車を頼んで二千円ほどのお金を渡すなど、率先して協力しています。なかにはビスケットやクッキーを焼いたり、おにぎりを作って近所の方がたに売る子もいれば、スキー場でカレーライスを売る子もいるそうです。

その中で特におもしろかったのは、「宝くじをするから」と町の企業に協力を依頼し、寄付してもらったＴシャツなどを景品にして、宝くじ券を販売して収益を得る方法。生徒の中には、本当にいろんなアイデアマンがいるようです。

生徒たちを引きつれてボスニアに九年間、続いてのネパールには四年間通いつづけているのは、英語で英文読解と世界史を教えている勤続一四年のジェイ・コンフォート先生。二〇一〇年の今年は一九名の生徒が参加しましたが、ボランティアトリップの成果を次のように語ってくれました。

「半分以上の生徒は劇的に変わりますね。現地に着くとまず初めに、自分の持ち物がすごく多いということに気づくんですよ。つまり、向こうの子どもたちは靴をはいてないし、持っていたとしてもボロボロのものです。それに比べて生徒たちは、日本の実家を含めて、いろいろな色や形の靴を一〇足も二〇足も持っているわけです。洋服もそうです。でも実際に現地に行くと、自分たちがいかに恵まれているかということを、肌で感じざるを得ないのですよね。

ボスニアやネパールは、生徒たちにとって本当に未知の世界ですから、見ることすべてが驚きで、自分たちが今まで当たり前と思っていたことが、実は当たり前ではないんだということを自覚するんです。だから、どの生徒も殊勝な気持ちになるんですよ。でも、そういう気持ちになるということがとても大切なんです。自分たちは、この子たちに比べれば恵まれているから、何か手伝うことはないのかと、心からそういう気持ちになるわけですね。親切とか思いやりとか、助け合うという、『まっとうな人』になることを学ぶんですよね。それこそが、人間としての成長と言えるのではないかと思います。

だから、ほとんどの子がスイスに戻る前に、私に聞いてくるんですよ、『私たちの洋服を子どもたちに、全部あげていいですか』と。私は『どうぞ』と答えます。そうすると、着ているもの以外は全部あげてしまうのですが、ネパールの子どもたちも、それは本当に喜んでくれます」

このボランティアを体験することは、アメリカやカナダの大学へ進学するときにも非常に有利になるそうです。というのも、成績の良しあしはもちろん大きなポイントですが、もし入学願書に「ボランティアトリップなどの経験」が記載されていれば、その受験者は高校時代に、人間的に大きく成長していると見なされるからだそうです。つまり欧米の大学は、成績だけが良いという頭でっかちではなく、ボランティアなどを率先して体験してきている生徒に来てほしいということなのでしょう。

ザンビアへのボランティアトリップは、生物を教えているマリー・サムソン先生が中心となって指導しています。

「ザンビアには一二〇万人の孤児がいて、三〇パーセントの子は栄養失調、二〇パーセントの子がエイズにかかっていると言われ、親がエイズで亡くなると、おばあちゃんが親に代わって孫を育てるのだそうです。

生徒たちは、旅行へ行く何か月も前からアルバイトをしたりして資金をため、いろいろな準備をします。でもいったんザンビアに着くと、レザンで過ごすような快適な生活は一切できませんから、初めはそのギャップに戸惑います。だからこそ、その中から様々なことを学ばざるを得ないのです。もちろん、参加した生徒たちのチームワークを試されもしますし、英語も必然的に学ばされます。

現地には七歳以下の無料の教育機関がないし、あっても有料の施設はとても高いので、私たちはイタリアのＮＧＯの活動に参加し、幼稚園を作るお手伝いをしました。そこには現在七五人の子どもたちがいますが、二つある建物の一つは今も建築中です。生徒たちは、生活環境が良いとは言えない場所で暮らす小さな幼児たちと触れ合うことで、自分自身を見つめ直すのです。

特に私は生徒たちに、現実問題としてエイズが与えている影響をしっかりと見てきてほしい。エイズは想像や本の中の出来事ではないということを。そして、問題意識を持って、その後のレザンでの学生生活を送ってほしい。他人に対して、自分は何かできることがあるんじゃないかと思うようになるだけでも、このボランティアトリップに参加した意義があるのではないかと、私は思っています」

ボランティアトリップに、この春参加したばかりのお二人に話を聞きました。ネパールに行った一一年生の上原沙季さんは、その参加のきっかけを次のように話します。

「私は中学二年生のときに住んでいた東京で、区主催の海外派遣に応募してアメリカに行くことができました。そこはカリフォルニア州のコロンビアという町で、当時は友だちと半分、観光気分で行ったんです。

ところが、小学校一年生ぐらい、いや、もっと小さかったかもしれません。服がボロボロで、本当に貧しそうな男の子が道ばたでお土産を売っていたのを見たんです。それがすごいカルチャーショックで、そのときから、将来は貧しい人々の役に立てる仕事、発展途上国と日本のかけ橋になれる職業に就きたいなと考え始めました。

今年はボランティアトリップでネパールに行ったんですけど、本当にハードなところで、普通は山の上まで行くにはヘリコプターを使うのですけど、私たちは二日間、歩いて山を登っていきました。

カトマンズのような都市は車もうるさいし、交通の整備もされていない。空気も汚くてごみ箱は一個も見当たらないから、そこら中がごみだらけ。道路と言えるのかしらと思えるようなデコボコした道で、家も建築途中なのだろうか、というようなありさまです。でも、人が住んでいましたから、たぶん家なんだろうなって分かりましたけど。

私たちが行ったところは山の上なので、カトマンズなどと比べると、自然に満ちあふれてはいました。でも反面、電気もなければ、水も井戸にくみに行かなければならないし、ガスコンロなんて、もちろんないわけです。家の中で火を直接、燃やして生活しているような村ですから、本当にカルチャーショックを受けました。

私たちの今回の使命は、そのような家にソーラーパネルとライトとガスコンロを取りつけることで、それは無事に終わらせることができましたが、でも、とにかくびっくりしたのは、一階が牛舎で、二階に家族が住んでいるんです。木造の家の中で火を燃やしますから、天井はすすだらけで油がギトギト。しかも、天井が低いので私でも手が届いてしまう。たぶん一七〇センチもないと思います。

子どもたちは、そんな家で育ちますから病気にかかりやすいんですね。これは水が良くないということも、原因の一つだと思うんですけど、本当に時代に取り残されているような感じでした。

　私たちと一緒に、アメリカ人とイギリス人のお医者さん、看護師さんが行ったんですけど、彼らのもとには毎日、たくさんの患者さんが来て、診察の順番待ちをしていました。そうそう、眼鏡とかカメラはすごく珍しかったみたいで、みんな興味深そうに見ていましたよ」


　もう一人の一一年生の植村茉由さんは、ザンビアトリップに参加しましたが、どんな経験をしたのでしょう。

「私は、小さいときから環境問題にすごく興味があったので、ボランティアワークは、特に関心が高かった分野なんです。ですから、国境なき医師団にとても興味がありましたし、その中の一員になれたらなあって。機会があったら、将来ぜひ参加したいと思っています。もちろん、まだまだ、そこへの道のりは険しいなあって思いますけれど。

　ですから、ザンビアにもそんな思いがあって行きました。一〇日間でしたけど、思っていたより中心部は発達していたので、最初は『あれ？』と少し拍子抜けしたくらい。でも、ちょっと町の中心部を離れると、まだ幼い子どもたちが、大人と一緒になって石を割ったり、コンクリートを使って何か作業をしているんです。

土でできたような家のそばに、たぶん、三、四歳から一〇歳ぐらいの子どもたちがたくさんいて、全員がみんな、考えられないほどのボロボロの服を着ているんです。頭では分かっていたつもりだったのですけど、実際に目の当たりにする光景は、想像をはるかに超えていて、本当にまだこんな場所があったのかと、いろいろと考えさせられました。

私たちはアルバイトをしてためたお金を、学校に寄付したんですけど、でも、お金を渡すだけではダメだなって痛感しました。実際に現地へ行って子どもたちに勉強を教えたり、仕事の仕方を教えたりすることこそが、本当のボランティアなのじゃないかって、すごく感じてしまいました」

二人とも将来は、国際的な職業に就きたいという希望を持っています。上原さんは外交官、あるいは興味のあるＵＮＴＡＣ（国連カンボジア暫定統治機構）で働きたいという希望を持つ一方、植村さんは一貫して医師になることを目指しています。

世界中の高校生が集まる模擬国連

レザンから離れて、様々な人と触れ合う機会の最後として、「ハーグ模擬国連」への参加をご紹介します。

「模擬国連」は、世界各国から三〇〇〇人以上の高校生が、毎年オランダのハーグに集まり、本物の国連と同じように各部会に分かれ、世界の環境・政治・経済・教育問題などについて英語で討議を行うというものです。若者たちの代表が議論や調査を通じて、地球上の多種多様な問題の解決策を探ることが目的ですが、国際問題を討議して議定書を作成するなど、本格的なものです。

「模擬国連」では、参加する学校はあらかじめ一つの国を割り当てられ、生徒たちはその国の代表として、実際の国連を模した会議に参加します。会議では、演説や他国の代表者とのディベートや交渉を通じて、決議案を作成していくのです。

［ハーグ模擬国連］には世界中の高校生が集まる。
写真は2005年に参加したとき

使用言語はすべて英語です。英語を母語、もしくは母語と同様に使用している国の生徒が七割とも八割とも言われるなか、英語を母語としないKLASの生徒たちは「ネイティブスピーカー」の話すスピードに追いつき、高度な言い回しを理解し、自分の担当国の代表であるという意識のもと、しっかりと主張し議論するために、入念に準備をするのです。

「模擬国連」を担当しているのは、英会話や英文学を教えているカナダ出身のウェイン・ワトソン先生です。

「毎年九月に、担当を希望する国を四〇か国選んで、参加の申し込みをします。一か月ほどたって事務局から回答が来るのですが、二〇一〇年の担当国はスロバキアでした。参加希望者は毎年多く、二〇〇九年には参加したいという生徒が六五人で、その中から一〇人を選抜して連れていきました。

翌年の一月に開催されるまで三か月しかなく、生徒たちは短期間のうちに担当した国のことを調べ上げなければなりません。そして、課題として二〇〇ページほどの論文を求められますので、そのためにたくさんの資料などを読む必要があります。僕も彼らにつき合って、それぞれの生徒が書き上げてきた、二〇〇ページにわたる文章をチェックしなければならないので、その時期は通常の授業をこなしながらですから、とても忙しいです。ＫＬＡＳにはいろいろな課外授業がありますけど、模擬国連を続けている理由は、模擬国連の経験を生かして、実際に国連に就職した生徒もいるなど、一生の仕事を選ぶにあたって、日本国内だけではなく、その視野が国際的に広がっていくからです。

また、大学受験の際も、模擬国連に参加したという経歴はとても評価されるのです。特に推薦入学のときは有利で、アメリカやカナダの大学はそのような傾向にありますので、生徒の進学のためにもいいことだと思っています。

それに、この活動を通して論理的な思考法と表現力をしっかりと身につけ、自分の主張をきちんとできるようになることは、世界で活動していく上で、たいへん重要な要素なのです。また、自分の時間の管理ができる能力も、この活動の中で養われていくと僕は思っているのです。英語で『もっとも価値あることは、もっとも困難だ』という表現がありますが、苦労したぶんだけ得るものは、とても大きいと思いますよ」

「ハーグ模擬国連」は、多くの高校生が憧れる国際会議で、そこに参加すること自体が誇りであり、世界的に多くの学校で高く評価されています。

世界各国から高校生が集まってくるこの会議の価値は、ただ単に世界情勢を話し合うということだけに留まるものでなく、生徒たちは同じ世代と交わることで、「世界にはこんなにもすごい高校生がいるのだ」という刺激を受けるとともに、自分自身の視野も大きく世界に向けて広がっていきます。

つまり、自国には無関係と感じている様々な問題も、「世界」という観点に立つと、自分も率先して関心を持って行動しなければならない、という意識が、自然と植えつけられていくのです。

よく「コミュニケーションが大切」と言いますが、コミュニケーションは、単に言葉が話せるだけでは成り立たないのだということも、生徒たちは思い知らされます。やはり自分の考えを深く追求していかなければ、相手には言葉として伝わらないのですから。

まだまだ英語力が万全と言えない生徒たちは、初日のディスカッションなどでは、まったく発言できなくて悔しい思いもします。でも、会議が進むにつれ、自分も発言して指名されたいと次第に思うようになり、自ら手を上げるようになると言います。

「模擬国連」で採択された決議案は、実際の国連にも提出されますが、もちろん、それが国連に直接的な影響を及ぼすとは言えません。

しかし、何より大切なことは、各国の高校生たちが「模擬国連」の経験を通して大きく成長していくこと。この経験を通して人や世界の見方が変わり、もっと世界的な視野を持てるようになれば、大人になったとき、世界的な社会問題に対しても無関心ではいられないでしょうし、また、自分とは違う考えを持っている他国の人に対しても、最初から敬遠するのではなく、様々な問題を話し合って解決していけるのではないでしょうか。

そのような「模擬国連」に第一四期生の向井理恵さんは、一一年生と一二年生次に二回、参加しました。彼女は「チャンスがあるなら、まず、やってみよう」という気持ちでトライしたと言います。

「一回目に参加したときは、エイズ問題を扱いました。調べていくうちに国際的医療活動に興味がわいてきて、母体の中で母親からえい児に感染する病症について、もっともっと学びたいと思うようになったんです。数学や理科の分野が好きなので、それまで大学に行くなら理系だな、と漠然と考えていたんですけど、この経験を機に、目標を医学部進学と決めました」

現在、向井さんは群馬大学医学部の四年生として、日々、医師となるべく勉学に励んでいます。
「ボランティアトリップ」や「模擬国連」などのほかにも、世界中のインターナショナルスクールに通う高校生が、年に一度集まって開かれる「音楽祭」にも参加しています。テープによるオーディションに合格すると、KLASの生徒たちは、それに向けて一生懸命、トレーニングをします。これは特に、音楽好きの生徒にはお勧めです。

このようにKLASは、世界とかかわれる様々な機会に恵まれています。特に日本の高校生ではなかなか経験できない旅や行事に、いとも簡単にチャレンジできるのですから、子どもたちの将来を考えればこのチャンスを逃すのは、とてももったいないことだと、実際にKLASの生徒たちと話をして、私は身にしみて、そう感じました。

これだけ情報が短時間で世界中を駆けめぐり、世界が狭くなったと言われる現在でも、まだまだ日本という殻の中から飛び出せないでいる大人たちは、私をはじめ、なんと多いことでしょうか。

しかし、親たちの世代よりも子どもたちの世代では、もっともっと世界は狭くなり、「ちょっと外国へ」と、あたかも国内に行くように海外へ出かけるようになるはずです。

そのようなときだからこそ、「自分が日本人である」という、きちんとしたアイデンティティを持って、世界に羽ばたけるような人間に育ってほしいと思いませんか。

たとえば「シェイクスピアは読めるけど、『源氏物語』は読んだこともない」という日本人であっては、私は何か悲しいものを感じます。海外で学ぶ意義は、単に英語など外国語を学ぶのではなく、「日本人としてのアイデンティティ」を確立するために、手段としての外国語を習得するということだと思います。

ＫＬＡＳが目指している国際教育というのがまさにこれで、「国際的な日本人を育てること」を何よりも大きな目標としてすえています。

もちろん、アカデミックな英語力も必要です。でもそれは、きちんとした日本文化を、日本人として表現できる能力や視点を獲得した上で発揮してほしいという考えを、教育の方針として強く持っています。

ですから、日本の国語の能力も英語力と同じぐらいに大切に扱っています。日本語と英語、その両方を重要視する高校だからこそ、英語だけで授業を行うインターナショナルスクールとの違いが鮮明になるのです。

スイス公文学園高等部を知ってさえいれば

ＫＬＡＳの生徒たちからいろいろなお話を聞いて、私自身の家庭のことを含めて、感じたことを少し書いていきます。

現代の日本の高校生の未来意識に関する調査などを見ると、その八割は「学校生活は楽しい」と答えている反面、校則など学校のやり方に不満を感じていたり、学校を休みたい、授業をさぼりたいという生徒が七割（よくある、たまにあると返答した生徒の合計）にも達します。つまり「楽しい」という背後には、「不満」もたくさんあるわけです。

しかも、半分以上の高校生が塾や校内補習を受けていて、自宅での勉強時間は二〇年前の約半分という状態。読書量も激減し、新聞もほとんど読まずにパソコンやゲームに興じ、家族との会話も非常に少ないと言います。

私の息子の中学・高校時代を思い返しても、将来のことをあまり考えておらず、今が楽しければそれでいい、あくせくして働くより、そこそこの生活が送れればいいじゃないか、という感じでした。

だからでしょうか。息子たちの周囲から、「ラクをしてお金をもらえる仕事に就きたいよなあ」などという、安定志向を求めるような会話をひんぱんに耳にしたものです。そのときは「なんて甘いことを考えているのだろう」「若いのに、もっとやりたいことや夢中になるものはないの」と、情けなく思ったものです。

また、当時の息子はどんな場面においても、親の意見より友だちの意見のほうを重く受け止める傾向が強いように思いました。要するに、親の意見など、よっぽどでないかぎり「聞く耳を持たぬ」という感じでした。

そのころの日本の高校生には自己否定的な子、「自分はダメ人間だ」とか「一つも誇れるものを持っていない」など、ネガティブなことを言う子がまわりにも多かったような気がします。何においても事なかれ主義というか、つまるところ「どうせ俺なんか」「どうせ私なんか」と自分を否定するばかりで、そこからはい上がってでも、何かをつかみとろうとする気概があまり感じられません。もちろん、素直な子が多いですから、誰かに言われればやるのだけれど、自分でやるべきことを見つけ出し、挑戦してみるといった積極性に欠けるのです。

学校行事などを見ると、そんな今どきの高校生の実態をかい間見ることができます。学園祭にしても体育祭にしても、一部の生徒を除いては「仕方がないから、やっている」という子や、明らかに「面倒くさくて、できるなら休みたい」という気持ちが、ありありと顔に浮かんでいる子どもたちがいました。

体育祭などその最たるもので、必死に走るのは「アホらしい」「カッコ悪い」。がんばる生徒を見て「何を熱くなっているんだ」という、冷めた目の生徒たちに出会ったことも事実です。そのつど、親として「なんでこの子たちは、こんなふうになってしまったのだろう」と寂しい気持ちになったものです。

でも思います。これもそれも、やはりまわりの大人たちや社会を見て、目標や見本にしたい人がいない、憧れの職業を見つけることができないからなのではないか、と。

人は目標なしで、努力をするということは、なかなかできません。「何かこれだ！」という目標、達成したいことがあって初めてがんばることができます。とは言うものの、最初からはっきりとした目標を見つけられるのは、本当にごくわずかな子どもたちだけだと思います。だって、私自身、自分の中高生時代を振り返っても、そんなにはっきりとした人生の目標なんか、持っていなかったのですから。

でも、別に初めは「漠としたこと」しか思い浮かばなくてもいいのです。たとえば、「あの仕事、おもしろそう」でも、「この教科だけはがんばりたい」でも、何だか分からないけど興味を抱いてしまうというものがあれば、それが取っかかりとなって、自分が一歩、踏み出せるということがあるのです。

今の時代は、情報網の発達や社会システムが多様化したこともあって、別に他人に頼らなくても何とかやっていけます。また、ちまたには物があふれ、よほどでないかぎり、衣食住には困ることもなければ、今は就職難ですが、基本的には、職業にしても多種多様な中から、自分が好きなものを選べます。昔の人が見れば、まるで夢のような時代になりました。

にもかかわらず、定職に就きたがらないフリーター志向の若者がたくさんいて、そのときどきでバイトで生活をやりくりしている人もいます。特になりたいものがあるわけではないのですから、その場しのぎのバイトで、日々をやり過ごしてしまうというわけです。

そして思うようにならないときは、まわりのことなどお構いなしに、サッサとバイトもやめてしまう。そんな彼らの多くは必ずと言っていいほど、「こんな思い通りにならないのは社会が悪い」「まわりの大人たちが悪い」と不満を口にします。

自分の飽きっぽさや我慢のなさ、仕事に対する姿勢をかえりみることなどはせず、他人を攻撃することで自らの正当性を誇示する。これが、私が長年、取材記者として、多くの若者たちから話を聞いた感想の一つです。

当たり前のことではありますが、私は、教育は学校だけでできるものではなく、家庭、そして社会の三つが、一緒になって行う共同作業だと思っています。しかし、わが子が小学生、中学生ならば、親こそが責任を持ってかかわらなければならないと考えます。もちろん、「責任を持つ」ということと、「かかわり過ぎる」ということは、決して同じではない。その考えを十分にご理解いただいているということが前提ではありますが。

特に、人間にとって一五歳から一八歳という感受性の強い時期、多くの子どもたちがその時期に迎える高校時代の過ごし方が、その後の人生の歩みに大きな影響を与えるということを、KLASの生徒たちと話して確信しました。つまりは、高校生活が単なる大学受験のためにあるのではない、もっと先の人生に、大きな夢を抱けるような三年間であるべきだということを。

よく「子どもは親の背を見て育つ」と言います。また、ある人と話していたときにその方は「子どもは親のやってきた通りに育つもので、親の言った通りには育たない」とおっしゃいました。まさにその通りだと思います。

私は、中学・高校と地方の公立校で過ごし、その選択は、近くの自分の成績に見合った学校を、それほどの考えもなく選びました。ですから、もちろん長男も私同様、長男の考えで高校を選んだと思っています。

それも間違いとは思いませんが、しかし、「もっともっと子どもの可能性を引き出してくれる学校もある」という事実を、子どもに伝えることができなかったという点で、親として最大の努力をしなかったことに、私はいまだに後悔の念を禁じえません。

長女は、そんな兄の背中をじっと見て育ったせいでしょうか。ある日、「お兄ちゃんは、あんなふうに勉強しないで遊んでばかりいる。私は、ああはなりたくない」と、中学・高校一貫の学校への進学を切り出したのです。もっとも長男にすれば、自分の通う高校に対して、何か不満があったのでしょう。

そのときの正直な私の気持ちを言えば、長男と同じように、公立中学から都立校への進学を何の疑いもなく考えていましたので、まさに青天のへきれきでした。「中学受験なんて、私の辞書にはないのに」と、心底驚いたものです。

ただ、そのときの長女の思いはよく理解できましたし、考えてみると私自身、長男のときのような無責任な行動を、また繰り返したくないという思いも胸の奥深いところに確かにありました。そこで、結局、長女の思いの強さにも負け、中学受験を許したわけですが、今では心から、中高一貫校に入れて良かったと思っています。それまでの近隣の公立校の受験しか頭になかった私も、「私立校進学もあり」と変わったことで、長女の受験校の幅が広がったのですから、少しは親として成長できたのかもしれません。

長男と長女の二パターン、わが子を公立高校と中高一貫校に通わせたことで、お互いのいいところ、悪いところがよく分かりました。

長男の進んだ都立高校と比べて、多少の不満はあるものの、長女の通っている私立校にはおおむね満足しています。私以上に当の本人が、その学校が大好きで、中学三年という普通なら高校受験を控えて学校選びをしている今のこの時期に、クラブ活動中心の非常に充実した毎日を送っていて、日々、本当に楽しそうに通学しています。まさに青春をおう歌しているという感じで、ときどきうらやましくなるほどです。

自分に合った校風の学校を選んだおかげで楽しい中学生活を過ごすことができで

き、また個性的な友だちにもめぐまれ、とても刺激を受けています。

また、保護者の方がたも勉強だけの「つめ込み教育」をする学校を嫌い、生徒一人ひとりの個性を伸ばし、自分で立てた目標を実現するための技能と知恵を教えてくれるという校風に賛同して、受験させた方がほとんどですので、保護者の方たちも非常に個性的でおおらか。私自身もおおいに刺激を受けています。

長女は今、中学三年ですから、来年、高校を受験するという選択肢もありますが、KLASのことを紹介しても、「私は日本が好きだし、この学校が好き」と、はっきりと言いますので、特に海外留学を勧めることはありません。やはり、自分自身で決めた、ということが、彼女のこの言葉に反映されていると思います。

ただ長男の性格などを考えると、もし彼が中学三年生の時点で、スイスにあるKLASのことを知っていたら、きっと興味を抱いたに違いありません。私自身もあのときにKLASのことを知っていたら、と悔いが残ります。

高校のシステム・やり方にいつも不満を感じていた彼のことを今、冷静に思い浮かべると、真っ先にKLASを、受験校の選択肢の筆頭にあげたことでしょう。そして、長男が希望すれば、たしかに家計的にはたいへんだったかもしれませんが、進学させたのではないだろうかと思ったりしています。

第二章

ボーディングスクールで成長する子どもたち

一人部屋でなく複数の集団生活

親が子どもを留学させるにあたって、もっとも心配するのは、まず留学先の治安ではないでしょうか。

KLASのあるスイスは、観光立国を標ぼうしているせいでしょうか、イタリアとドイツ、フランスなど隣接している先進的な国々と比べても、安全な国であると言えるでしょう。

私のまわりではヨーロッパの旅行中に、置き引きにあった、財布やパスポートをすられた、バッグを盗まれたなど、盗難による被害をひんぱんに耳にします。もちろん、「スイスでは皆無」とは言いませんが、スイスでのその割合は、とても少ないように思います。

そして、近隣のヨーロッパ諸国より安全であると言われるスイスの中でも、ジュネーブやチューリッヒなどの大都市に比べ、レザンはさらに治安がいいなあと、実際に町を歩いてみて、私はそう感じました。

レザンは、中規模な都市であるエーグルから登山電車で三〇分ほどかかる高地にあり、その中でもKLASは、商店などが集中している中心部から離れた高台に位置しています。周囲には、アメリカンスクールをはじめ、国際的な高校や大学などが四校あり、世界六〇か国以上の国々の学生が集う、まさに国際色豊かな文教地区にあります。

レザンは、小さな町ゆえの、住民たちはみな知り合いというような、古き日本の地方の暮らしが残っている、そんな雰囲気に満ちあふれています。遠いアジアの国である日本から来た子どもたち。一人ひとりの名前は分からなくても、顔を見ると、「ああ、あそこの学校の子どもたちだな」と住んでいる方はすぐに分かります。公用語はフランス語。道ですれ違う人はみんな優しい笑顔で「ボンジュール」と気軽に声をかけてくれるので、私も慣れないフランス語で「ボンジュール」と、ニッコリと応えたものです。

ですから、生活習慣や文化も違う土地で、「わが子は本当に一人でやっていけるだろうか」と、親なら誰しもが心配することも、レザンの町を一〇分も歩いてみると、「この町なら子どもたちを守ってくれるだろう」と、すぐに感じるはずです。こんな穏やかで柔和な人たちや、素晴らしい自然に囲まれているのなら、きっとだいじょうぶだろう、と。

　とはいえ、「治安の良さ」に対しての心配が消えたとしても、こんどは言葉も分からず、知らない人ばかりの中で、果たして「ホームシックにならないだろうか」と、次から次へと、親の心配の種はつきることはないでしょう。

　でも、その心配はあまり必要ありません。ここＫＬＡＳは全寮制。一学年が男女合わせて六〇人ほど。三学年合わせて約一八〇人が、校舎に隣接した男子寮と女子寮に分かれて日々の生活を送っています。寮の一部屋では、三、四名の生徒たちが寝食をともにしています。

　ここでは一〇年生と呼ばれている、入学したての一年生は、まず上級生である一一、一二年生と同室になります。上級生たちは、公私にわたり面倒を見てくれるので、まるで兄弟、姉妹のような関係を結ぶことができます。

　入学したての一〇年生はまだまだ幼くて、近隣の人びとには欧米の同年齢の子どもたちに比べて、まるで小学校を卒業したての子のように見られるぐらいです。もっとも大人でも若く見られがちの日本人ですから、外見はそうなのでしょうが、甘やかされがちな環境で育った日本の子どもたちは、外国の子と比較すると、精神的にも確かに子どもっぽいと、私もそう思います。KLASの先生たちは、特に外国人の教師たちは「こんな幼げな子どもたちが、異国の地で生活できるのだろうか」と、初対面のときは思ったりするそうです。

実際、一〇年生の中には、英語の会話練習をほとんどしたことがないという子どももいますから、とりわけ英語嫌い、成績も悪かったという生徒は、入学したてのころは「最悪だ！」と、途方に暮れることもあるようです。というのも、校内放送はすべて英語ですし、掲示板も英語。最初は、「授業の変更や行事のお知らせ」などの放送が流れても、何を言っているのか分からなくて、授業に遅れてしまうこともあったとか。

でも、それは先輩たちも経験し、みんな、そこを乗り越えて上級生になるのですから、心配することはないように思います。特に同室の上級生は、以前の自分が入学した当時、右往左往して心細かったときに、どれだけ先輩たちに助けられたのかを思い出すのでしょう。本当にそれはそれは、新入生を手取り足取り、とてもよく面倒を見ます。その経験が「自分が上級生になったときに、新しく入ってきた新入生に対して、同じように様々なアドバイスを与えたり、手助けをしてあげる」というサイクルが、KLASの中にでき上がっていると言っても過言ではないでしょう。

先輩たちは兄や姉のような存在

具体例をあげましょう。

第一章でも登場してくれた第一七期生の馬場圭斗君は、入学早々受けた国際コミュニケーション英語能力テスト「ＴＯＥＩＣ」の点数が、九九〇点満点の九五点。ある先生からは「う〜ん、こんなに低い点数は初めて見た」と言われたそうです。ですから、校内放送の伝達事項を理解できないことはもちろん、掲示板に書かれている「その日、何をするのか」を伝える情報もちんぷんかんぷんで、電子辞書を片手に悪戦苦闘の毎日だったとか。

「掲示板だけでなく、アナウンスも英語ですから、初めは『食事の時間が今日は変わっているよ』とか、『今日はどこそこに集合せよ』なんてことを言われても、ちっとも分からなかった。まわりに聞けば教えてくれるんでしょうけど、それはプライドが許さないというか、カッコ悪いと思って、自分ひとりで、何とかがんばってやっていたんです。だから、毎日が生きるのに精いっぱいで、ホームシックになることも親と連絡を取っているひまも、全然なかったですね」

そんな馬場君の「英語力のひどさ」を誰よりも分かっていたのが、同室の一年生の二人の先輩たちでした。

「すごく頼りになりました。二人とも欧米の大学への進学を希望していましたから、英語の授業でのライティングもリーディングも、抜群の成績だったんです。

僕なんか自慢じゃありませんが、リーディングの最初のテストは、一〇〇点満点の九点。それを知った二人の先輩が『おまえ、このままじゃ英語、たいへんなことになるぞ』と危機感を感じたようで、二人して英語を徹底的に教えてくれたんです。本当に助かりました。あの二人の先輩がいなかったら、たぶん、僕は今、ここでこうやって、話をしていなかったでしょうね」

馬場君は、次の「ＴＯＥＩＣ」での点数が三〇〇点上がったのを皮切りに、その後も受けるたびにどんどん点数が上がっていったと言います。二年目の夏には読むことや、英語で相手が何を言っているのか分かるようになり、たどたどしいながら、自分の意思も伝えられるようになったそうです。

「自分で言うのも何ですが」と前置きし、「入学したときとは比べものにならないほど、英語力に自信がつきましたよ。なにせ僕の英語は、ゼロというよりマイナスからの出発だったんですから」と、満面の笑みを浮かべて話してくれました。

とはいえ、授業ではクラスメイトと一緒に過ごし、寮に帰ってはルームメイトがいる環境ですから、一人になれる場所がない。つまり「プライバシーはないに等しい」かもしれません。しかも、授業の準備やたくさんの宿題、クラブ活動や行事に参加するなど、毎日が「やるべきことをこなす」ことで精いっぱい。馬場君の言うように、「ホームシックになっているひまなどない」というのが、KLAS生たちの日常であり、本音なのだと思います。

寮では、「自分のことは自分でする」のが当たり前ですから、身の回りのこと、部屋の片づけや洗濯などは、全部、自分でします。日本にいたときは、すべて母親まかせで、いつも洗いたての下着や服がきちんと用意されていることに、なんら疑問も持たなければ、感謝をすることもなかったに違いありません。でも、寮生となって初めて、自分で洗濯機を回し、洗濯物を干して取り入れて、たたむことが、とてもたいへんな作業なのだということに気づきます。

自分のものを洗うだけでもそう思うのですから、家族全員の洗濯、なかには部活で汚れたユニホームや靴下なども、毎日のように洗濯してくれていた母親のたいへんさに、遅まきながら感謝したいと話してくれた生徒たちが、取材を通してたくさんいました。

寮は個室ではないため、「ルームメイトといつも一緒で、息がつまることもあるのではないか」、あるいは、「あまり気の合わない者同士では、トラブルも起きるのでは」、という声もあると思います。

実際、お互いを尊重し、相手を思いやるなどの「気づかい」がなければ、集団生活を営むことはできません。それは、日本の学校でも同じです。「クラスメイト全員が大好き」などということは、私には皆無だと思います。

しかもＫＬＡＳ生は、四六時中まわりに誰かがいるのですから、学校から帰宅すれば、少なくとも「嫌いな同級生や上級生とは離れられる」という、日本の学校生活とは違います。でも、社会に出たら気の合う人ばかりではありません。むしろ、「イヤな人と、どうコミュニケーションを取っていくか」が重要になります。

日本の大学に入学した、ある卒業生がこう語ったと言います。

「日本の高校から入学してきた人たちは子どもですよ。ちょっとあいつのあそこが気に入らないとなると、それでもうつき合えないのです。私たちは寮だったから、あそこがイヤだと思うと本人に直してくれと言ってみる。それでも直せなかったら仕方がないと思い、その人の良いところを見てつき合っていきます。日本の大学生の多くは、それができないんですよ」

KLASでの三年間で、生徒たちは、「人との適度な距離の保ち方」や「コミュニケーションの取り方」を、実生活でイヤというほど学んでいきます。

スイスの山の上の閉ざされた環境にあるレザン。その町にある学校で、プライベートの時間がほとんどない寮生活をしている生徒たち。その中心にあるのは「優しさ」という言葉なのです。

取材を通して私に印象深く残った言葉の一つが、生徒たちや寮の管理責任者である、寮父さんや寮母さんが口をそろえた、「ここでは、他人に優しくなければ、自分が生きていくことはできないのです」でした。

三年間、「同じ釜の飯を食べた」ではありませんが、KLASの生徒たちは、いい面もイヤな面もひっくるめて、まわりの友人たちにもまれて育っているので、多少のことではへこたれない忍耐力が身についているような印象を受けます。そして何よりも、相手を思いやる優しい気持ちの子どもたちが多いことに、私はとても驚きましたし、話をして、とてもあたたかい気持ちになれました。

おいそれとは実家に帰ることなどできない、遠い国で生活している以上、つっぱってばかりいては生きていけません。まさに寮生活を通して、KLAS生は、厳しい人間関係の中で、優しさを体得していくのだと改めて思いました。

寮生活が育む同室愛

先にご紹介した向井理恵さんは、そんな寮生活のルームメイトとの関係について「同室『愛』とは何か」という文章を書いています。ここには、KLAS生として寮生活はどんなものだったのか、ルームメイトとはどんな距離感でつき合っていたのか、などが、くわしく述べられています。

彼女いわく、同室、ルームメイト。それは保護者とも兄弟とも違う、「何とも言えない関係」なのだそうです。そして、そこには友情とはまた違う、「同室『愛』」とでも言うほかない、独特のきずなが生まれるのだ、と。

もちろん寮では、「同じ学校の誰かとの共同生活」を強いられるわけです。KLAS生となった以上、家族以外の誰かと一緒に、寝起きをともにしなければならないのですから。

そこで、「どんな人となら、うまくやっていけそうか」というと、信頼が置けて、とても仲の良い友だち同士ならば、うまくいきそうであると、私たちならそう思いがちですが、必ずしもそうではないようで、どんなに気の合った仲間でも、同室になったとたん、ケンカが絶えないというケースも少なからずあると言います。

また、生活のパターンにも違いがあることに、気づかざるを得ない場合が多い。たとえば、「夜型人間」と「朝型人間」のケース。しかし、全員が「朝型人間」ならば問題がないかというと、そう一概には言い切れないのです。同じなら自分の生活パターンを維持するのは容易である一方、シャワールームなどの使用時間が重複してしまう可能性も高く、不便なこともあります。

個人の適応能力には差があり、ある人にとって問題なく感じることでも、別のある人にとっては死ぬほど許せないことであるかもしれない。部屋で音楽を流す場合でも、音楽の趣味の違いで、やすらぎにも苦痛にもなります。クラシック音楽が好きな子もいれば、ロックやジャズしか聴かないという子もいて、「わだかまり」に発展するケースにもなりかねません。

しかし、時が経るにつれ、お互いにその「わだかまり」を解消しようと歩み寄っていくのだそうです。向井さんは「人間関係が良い部屋」を観察した結果、そこには、ある共通点を見いだしたと言います。それは「お互いが独立している」ということでした。

「つまり、誰かが勉強や読書をしたいときには、決して邪魔をしないことです。もちろん、一緒に夜食やおやつを食べる『同室ミール』は楽しいですし、就寝前のおしゃべりも、ルームメイトならではのものですが、『交流を持つこと』と、『過干渉になること』は、まったくの別物であるということを、頭に入れておく必要があります。

何より『思いやりの気持ち』が、とても大切だと思います。自分がされたらイヤだ、と思うことをしないのは当然ですが、加えて、相手の性格を考え、『この人だったらこういうことは、絶対にしてほしくないに違いない』と思いやることが必要なのです。

さらには、ときには『厳しさという名の優しさ』も求められます。たとえば、ルームメイトが部屋を散らかしていて、注意しなければと思う。でも注意をすると、ウザいって思われるかな、などと葛藤しながらも、注意をするというケースもあります。それが相手のためになると思えば」

と、向井さんは述べています。

そして、寮生活の総括として向井さんは、自分とは何かという、アイデンティティを確立してゆく途上にある高校生の時期に、このような共同生活を送れることは、寮生一人ひとりの人間形成にとって良い影響を与えていると強く主張しています。


二四時間、まったく一緒という人間関係に疲れ、悩むことがあるかもしれません。でも、その寮生活をいかにうまく乗り切るかを考えていく中で、生徒たちは日々、精神的に鍛えられていくのだそうです。

「生活でしか得られない様々な楽しみ、喜びとともに、そのような辛酸苦汁をおそらくともにしている同室とは、良き協力者、助言者であり、そしてなにより仲間なのである。その同室の間に生まれる感情、愛とも友情とも少し違う『同室愛』は、自分とほかの同室の人たちとの関係のための潤滑油であり、同じ空間を共有する者の間に生まれる親しさでもあり、人生の手本かもしれない人に対する尊敬ですらある。つまるところ、同室愛とは、毎日違う、輝きを与えてくれる星なのである」

という言葉で、彼女は文章の最後を締めくくっています。

寮生活を通して芽生える両親への感謝

大部分の子どもたちは、日本にいたときは何でも親がかりで、掃除、洗濯はもちろん、家事を手伝うということなどなかったと言います。親も「少しぐらい手伝ってくれてもいいのに」と内心では思っていても、クラブ活動で疲れて帰ってきたり、たとえ言っても反抗するだけと思うと、子どもに家の手伝いをさせるのをためらうようです。

私自身は、私が仕事を持っていることもあって、長男にも長女にもできるかぎり、小さいころから「お手伝い」と称して食器を並べる、片づける、玄関の靴をそろえる、新聞を取ってくるなど、簡単なことから始まって、お風呂掃除や洗濯、そして簡単な料理などをさせてきました。ですから、だいたいのことはできると思いますが、それでもときどき、自分の部屋を散らかして片づけない長女に腹を立て、怒鳴っている私がいます。

まわりのお母さんたちに聞くと、女の子はともあれ、男の子には特に、掃除、洗濯、料理など、身の回りのことを積極的にさせている家庭は少ないようです。日本ではまだまだ、母親たちは子どもに甘いというか、特に男の子に対しては寛容な傾向にあります。

でも、これからは「男の子だから、別に家事はできなくても」などという時代ではなくなります。それこそ、今年、厚生労働省が立ち上げた「イクメンプロジェクト」（育児をする男たち＝メンズ）に代表されるように、男性も家事、育児ができないと、結婚はさらに遠のくのだそうです。つまり、女性たちは魅力的な顔立ちをした「イケメン」より、家事、育児ができる男たち「イクメン」の方が素敵だと気づき始め、自分の相手として求めるようになってきているのだ、と言うのです。

その点、ＫＬＡＳでの寮生活では、男女とも何でも自分でやる習慣が身につきますから、親が目くじらを立てて「少しぐらい家のことを手伝いなさいよ」と怒らなくても、卒業時には、掃除や洗濯、アイロンがけ、簡単な料理程度のことは、できるようになっています。そんなわが子の変貌ぶりに、親たちは驚きとともに喜びを感じているようで、生徒たちから、そのときのようすをたくさん聞くことができました。

「去年の冬に帰ったときに、今まで家ではしたこともなかった洗濯をし、皿洗いも手伝ったりしたので、みんなびっくりしていました。親からは『気づかいができるようになったね』と言われましたし。きっとお互いに気をつかい合って、助け合っていかなきゃいけない寮生活をしていく中で、自然に身についたことだと思うんです。そんなふうに親から直接、言葉で言われると、ああ、僕も成長したんだなって思います」

と、少し照れくさそうに話してくれたのは、一一年生の大亀裕貴君。

一二年生の原健祐君などは、中学時代にはまったく親と話すことはなかったにもかかわらず、今では日本に帰るたびに、母親と二時間以上、ずっとしゃべりっ放しですとニッコリ。

「正直、親もびっくりだと思うんです。昔なんて親としゃべった瞬間にケンカが始まるという感じでしたから。だけど、今はそんなことは全然なくて、僕は自分のことを何でも話すし、お母さんもいろんなことを話してくれて、それを僕も聞いてあげられるようになりました。

五歳上に姉がいるんですけど、年が離れていたこともあって、それまではまったく話をしなかったんです。だから、近くにいてもすごく遠い存在だった。でも、KLASに来ちゃうと距離的にはすごく離れているから、現実的には家族とそんなにかかわる機会は少ないんですけど、少ない分だけ逆に、日本に帰ったときには、すごく深い話までできるんですよね。お姉ちゃんともこっちに来てからのほうが、うんと話すようになりました。

僕、ずっとスキーをやっているんですけど、日本にいたときは、スキー板を買ってもらっても当たり前って感じで、『ありがとう』なんて言えなかった。でも今は、ちょっと何かをしてもらっても『ありがとう』って言葉がすぐに出ます。たぶん、寮生活でのいい意味での習慣が、家族に対しても、普通に出せるようになったんだと思います」

同じ一二年生の山田祐樹君も離れてみて、いかに親の存在が大きく、自分にとって大切だったのかを思い知らされたと言います。

「経済的にはもちろん精神的にも、両親の支えがなかったら、KLASにはたぶん、来られなかったと思います。僕自身は、一人っ子だったこともあるかもしれませんが、そんなに反抗期みたいな時期はなかったので、親には目に見えて変わったと感じられないかもしれません。でも親と離れてみて、僕には両親が僕にどれだけいろんなことをしてくれていたかということが、すごくはっきりと分かったんです。

中学生のころは、たとえば映画を見に行くときも、友だち同士で行くのが自然ですよね。日本に帰ると、今でも友だちとは行きますけど、親が『この映画、おもしろそうだね』と言ったりすると、『じゃ、一緒に行こうよ』と素直に言えるようになりました。

親だからとか、友だちだからという隔たりが全然なくなって、すごくナチュラルに自分が出せるようになったんです。今は逆に、親だからこそ、さらけ出せるというぐらいです。そうですね、僕にとって親は、この二人だけですから、すごくかけがえのない存在というか、すごく貴いものだというのかな、離れてみてそのことに、初めて気がついたんです。

今まで母が料理も作ってくれ、洗濯も掃除もしてくれたことを、寮では全部、自分がやらなきゃいけなくなりました。それがいかに重労働だったか、ということも分かったんです。それに、寮生活をしていく中での人間関係に悩んだ時も、大人の目線でいろいろアドバイスをしてくれたのはいつも親だった。ＫＬＡＳに来たことで、改めて自分の今までの生活を見つめ直すことができましたし、両親の愛情というものを、素直に受け止めたいなって思うようになりましたね」

とはいえ、性格も育った環境も違う生徒たちが、集団生活を送っている中では「ぶつかり合う」こともたくさんあるに違いありません。でも、それを何とか自分たちで解決し、さらには、深い友情へと育んでいくようです。

「私は中学時代に、人間関係でちょっと悩んだことがあったんですね。中一から中二になるときにクラス替えがあったんですけど、新しいクラスがあまりに個性的な人ばかりだったので、うまくなじめなかったんです。結構イジメも激しかったですし。

そのとき、違うクラスになってしまった中一の時の仲の良かった子に、少し依存してしまったんですよね。それが彼女にはちょっと重かったらしく、避けられたりして。そのときは自分を保つのに精いっぱいで、そんな態度を取る彼女に対して『何で？』と思ったりして、まわりがみんな信じられなくなって。

中三のときも、友だちとの距離感がうまくつかめなかったですね。いつも近くにいて何でもしゃべっているようだけど、じつはうわべだけの会話という感じ。結局、友だちと呼べる友だちが作れなかったんです。

でも、こちらに来ると寮生活なので、友だちとは会いたいときには、いつでも会えるという関係にあるじゃないですか。だから、四六時中、くっつくように一緒にいなくても、友だちとはずっと友だちでいられるし、大事なところ、たとえば悩んでいるときや、つらいときに支え合えられれば、それでいいんだということが分かったんです。それに気づけたってことも、自分が成長できたからかなって思うんです」

一一年生の上原沙季さんが、自分の中学時代を振り返って話した言葉を継いで、同じ一一年生の植村茉由さんはこう話します。

「日本にいるときは、学校が終われば家に帰って自分だけの空間で、他人のことは気にせずに好き勝手なことをしていたんですけど、ここに来てからは、前よりはずっと、人に気をつかえるようになりました。先輩からもそうなったねって言われましたので、そこが自分の中で、いちばん大きく成長した面かなと思っています。

ただし、寮生活ではずっとみんな一緒ですから、いくら好きな友だちでも、イヤなところとかも全部見えてしまうわけです。そんな場面に出会うと、ああー、と思うこともたくさんありました。でも、ここで生活していく以上、そういうところもすべて認めてやっていかなきゃいけないというか、好きなところも嫌いなところも、全部ひっくるめて好きになれる、そういうのが本当の友だちなんだなって、思えるようになりました」

常にそばに人がいるというのは、やはり窮屈なものです。だから、時々ケンカにもなりますが、それをうまくかわす知恵もついていく、と一二年生の石畑俊君は言います。

「学校と寮がくっついているから、ケンカとかになったら面倒じゃないですか。だから、そうならないようにする、その手前のプロセスが僕的にはたいへんです。なるべくケンカにならないように気をつかって、手前で回避する、みたいな。だから、だいたいどっちかが折れますよね、僕のまわりを見ても。

ただ、後輩イジメみたいな、結構、大きな事件が起きると、まず寮全体で話し合うんです。たとえば、一一年生の誰かが一〇年生をイジメていたら、一二年生の先輩が叱り、その後、一一年生だけのミーティングを自主的にやって解決策を練るわけです。そりゃあ、これだけの人数が共同生活をしているんですから、何もないほうがおかしいですよね」

一年間が過ぎて変わったこと

ＫＬＡＳの生活にも慣れてきた一〇年生たちは、今の自分の変化を、どうとらえているのだろう。まず、大阪府出身の村島正章君から話を聞きました。

「とにかく、よく挨拶するようになりましたね。こっちでは何かやってもらったら『メルシィー』とか『サンキュー』というのは礼儀なので、それがもう習慣になっているんですね。だから、日本に帰っても、たとえば本屋さんのレジでもつい『ありがとう』って言っちゃうんですけど、店員さんには『はあ?』みたいな顔をされますね。

そんな僕を見て、親からは『あんた、挨拶なんて、あんまりせえへんかったのに変わったたなあ』と言われ

町の中心部にある山小屋風のスイス料理レストラン。名物はチーズフォンデュとラクレット

ます。だって、中学時代なんて反抗期ですから、学校から帰ってきても『ただいま』も言わなかったんですよ。それが今では帰国して家のドアを開けると、『ただいま！』ってでかい声で言うんで『うわあ、あんた、誰？』いう感じです。

そうそう、ここでは道が分からなくてウロウロしてたりすると、みんなフレンドリーですから『ボンジュール。どうしたのですか』みたいな感じで声をかけてくれるんですね。僕も今では普通に声をかけますから。ここに来なかったら、もしかしたら困っている人がいても、そのままスルーしていたかもしれないなあ」

名古屋出身の小山由佳さんも、「そういう点では、すべてに対して積極的になった」と自らを振り返ります。

「せっかくスイスに来たのだから、日本ではなかなか経験できないいろいろなことにチャレンジしようと思い、ローザンヌ・マラソンに出場したり、オプショナルで、オランダやトルコでの国際音楽祭にも進んで参加しました。本当に自分から何にでも積極的に参加することができ、そのときに得られた達成感は、とても大きいんですよね」

寮生活では、同室の仲間の機嫌の良しあしで、まわりが直接、影響を受けてしまうし、唯一、自分が一人になれる空間は、ベッドの上のみといった窮屈さもある。

しかし、そのマイナスとも言えるところが、逆にプラスになることもままあるらしい。

　スイスの日本人学校から入学したメルリーニ・アレキサンダー（通称アレックス）君は、勉強にしろ、学校行事にしろ、何か分からないところがあったときは、同室の先輩が何でも教えてくれるし、その先輩たちを通して友だちもできるのは、とてもいい点だと思うと言います。しかも、恋愛相談にも気軽に乗ってくれるので、とても心強いそうだ。自分にとって先輩は、困ったときのいちばん親しい人だとか。

　村島正章君も、同室の先輩には恋愛相談をよくしていたと話します。

「プライベートがない分、先輩には隠しごとをせずに、何でも自分から言えるんです。僕が『好きな子がいるんです』と打ち明けたら『よし、俺にまかせろ』と。俺も手伝ったる、みたいな感じだったんです。これはちょっと日本とは違いますよね、そう気軽に先輩に対して、好きな子の話なんかできなかったから。

　あっ、それから、これは寮父さんに聞いた話ですけど、寮父さんが各部屋のチェックをしていたら、ある部屋に誰もいなかったそうです。それで、パッと風呂場を開けてみたら、三人一緒にお風呂に入っていたんですって。一年も同室で過ごすと、そこまでの仲になるのかって、びっくりしたそうですよ」

アレックス君と、スイス・チューリッヒの日本人学校で一緒だったという青山祐貴子さんも、困ったことがあったときには、自分のことを顧みずに、同室の先輩が助けてくれたのには本当に感激したそうで、自分が長女だったこともあって、まるで姉ができたようでうれしかったと話してくれました。

そんな同室の先輩たちとは、家族とも兄弟とも違った、それこそ「同室愛」を育んでいく生徒たちだが、さらに、日常生活では男女ワンペアの教職員が親となり、学年を超えた一五人ほどの男女生徒で模擬家族を作る「ファカルティ・ファミリー」という制度を設けているのも、KLASならではの大きな特長です。

週末を中心に、日本食などを料理して一緒

模擬家族の［ファカルティ・ファミリー］が集まり、
誕生月の生徒をケーキで祝う

に食べる。また、ピクニック、スキーなどのレクリエーションを通して、原則として日本人と外国人のワンペアの教職員と生徒たちが、親子のように自然な交流をしていくのが「ファカルティ・ファミリー」制度です。

私も学校のカフェテリアで、その月のお誕生日を迎えた子たちを、みんなで祝っている場面に出会いました。各ファミリーが自分たちで手作りしたケーキを頬ばりながら、実に楽しそうにおしゃべりをしています。そのファミリーのお父さん、お母さん役である先生も授業中の厳しい顔とは一変、親の顔になって自分の子どもである生徒たちと、にこやかに話しています。生徒たちのほうも、授業中には聞けない、ごく個人的な質問を両親である先生に投げかけたりと、本当に家族的な雰囲気があちこちで見受けられました。

時には、自宅に子どもたちを招き、パーティをする先生もいるそうですから、先生たちも本当の親のように、生徒たちにかかわっているのがよく分かります。

家族的な雰囲気の中で、高校生らしくのびのびとした笑顔で仲間やファミリーたちと語らう時間は、生徒たちにとっては欠かせないもの。つくづく寮というのは、生徒たちにとっては、「家」そのものなのだなあと、様々なところで痛感させられました。

充実したカウンセリング態勢

海外で、「もしわが子が病気になったら」とか、「単純なホームシックとは違う、心の病気を発症させたら」、あるいは「男女交際が心配」等々、親にとっては心配事は山積みです。KLASでは、そのような心と体の健康に関して、「ヘルスセンター」が実にきめ細かな対応をしています。

スタッフには外国人のナースのほかに、日本人の養護教諭が常勤しています。

また、チューリッヒ・ユング研究所で分析心理学・心理療法を学び、芸術療法を取り入れた独自の心理療法で精神分析治療をしている、『クレーの天使　変容する魂』（青土社刊）という翻訳書をお持ちの日本人の三宅桂子先生が、専門のカウンセラーとして毎月二回、ジュネーブからやってきて、問題を抱える生徒たちに対して、カウンセリングを行っています。

養護教諭でもあり、一〇、一一年生の保健体育の授業を担当している三國志保先生にお話をうかがいました。

三國先生は通常の授業のほか、生徒が病気になって病院へ行った際、ナースから出される英語で書かれた「ヘルスレポート」を日本語に訳して、ＦＡＸでその生徒の保護者へ送ったり、保護者からの病気に対しての質問を受けると、英語に訳してナースへ伝えるなど、ナースのアシスタント的な役割も兼ねています。

ＫＬＡＳには、日本の学校でイジメにあったり、不登校になったりした子など、問題を抱えた子どもたちが、最後の望みを託して、入学してくる場合も少なくありません。そのような子どもたちが、ＫＬＡＳで「自分の居場所」を見つけ、トップレベルの大学へ合格していく例も多く見られます。

ただ、もともと問題を抱えて入ってきた子どもたちですから、最初からスイスの生活に溶け込むことが、なかなかできないケースもあります。

特に人間関係でうまくいっていなかった子どもが、突然、英語づけの毎日になるわけですから、戸惑いも相当なものでしょう。英語でのコミュニケーションができないケース、あるいは授業についていけないなど、いろいろな不安で押しつぶされそうになる子も少なからずいます。そんなときこそ、じょうずな対処法を一緒に考えてくれる、専門家の存在が必要なのではないでしょうか。

もちろん、カウンセリングを受けるためには保護者の許可書が必要ですし、保護者は必要な経費を支払わなければなりません。

「カウンセリングを受けに来る子は、まわりには、それほどの深刻な状態だとは分からなくても、心の中は『ストレス』で満ちているケースがほとんどです。まさに肩で息をしているという感じで、センターを訪ねてきます。

生徒の中には、まわりの子が気づいてしまうような出来事が起こって、初めて分かるということもありますけれど、だいたいは我慢して、自分で自分をコントロールしようとがんばっていたのですが、もう疲れてしまったのでカウンセリングに来たというケースが多いですね。人に言えないこと、たとえば拒食症や過食症の子も含めて、第三者としてのカウンセラーに話すことで、肩の荷が下りるのではないでしょうか。

私から見て、本当に保護者の方に伝えなければいけないと判断するとき以外は、直接、カウンセリングの内容を保護者にお話しすることはありません。

というのも、カウンセリングを受けている子の親ごさんは概して、専門家の先生から言われることに対しては、『そうかもしれない』と案外、素直に受け止められるのですが、職員から『こうしたほうがいいですよ』とアドバイスされても、『あなたはどこまで知っていて、そんなことを言うのですか』と思われるケースが少なくありません。

ですから、私は保護者の方とのかかわり方には、細心の注意を払って対応しています。もちろん、私に保護者の方から直接、『うちの子はどうでしょうか』と心配なさって連絡をしてくることもありますが、そのときはカウンセラーの先生のアドレスをお教えして、直接、聞いてもらうようにしています」

日本の学校では、様々なことがあって不登校になった子が、転校するなど、環境をがらりと変えたことで立ち直るケースがあると聞きますが、実際にＫＬＡＳでも、そういうことはあるのでしょうか。

「うちに来る子は、その子なりに一大決心をして来ているのです。決心できていない子は、うちの学校を受けることすらしないと思います。たとえ家が裕福で親もスイス留学を勧めたとしても、その子が『変わろう』と決断しなければ、何も始まらないわけですから。

うちの学校を受けると決めた時点で、その子にはやり直そうという意志があるのだし、自分なりの決意をしてきた分、不登校で日本にそのままいるよりは、つらいことがあってもがんばるという思いは、大きいと思うんです。

やっぱり寮生活をしていく中で、仲間に優しくされたり助けられたりしますから、そのたびにありがたいと感じるでしょうし、自分もそういうふうにしてあげようという気にもなると思うんです。

私がKLASの子どもたちを見ていて、日本の学校環境とは違うな、と感じた大きな点は、先輩と後輩という関係はなくならないけれど、先輩が後輩に対して理不尽な命令をしたり、後輩も恐怖を感じて、それに従うなどというケースに出会ったことは、ほとんどないということです。

まるで本当の兄弟や姉妹のように、お互いをいたわり合っているという感じで、上の子が下の子をかまってあげて、下の子もそんな上の子を慕っているという関係ができ上がっているように思います。

もちろん、上下関係はありますけど、良質の関

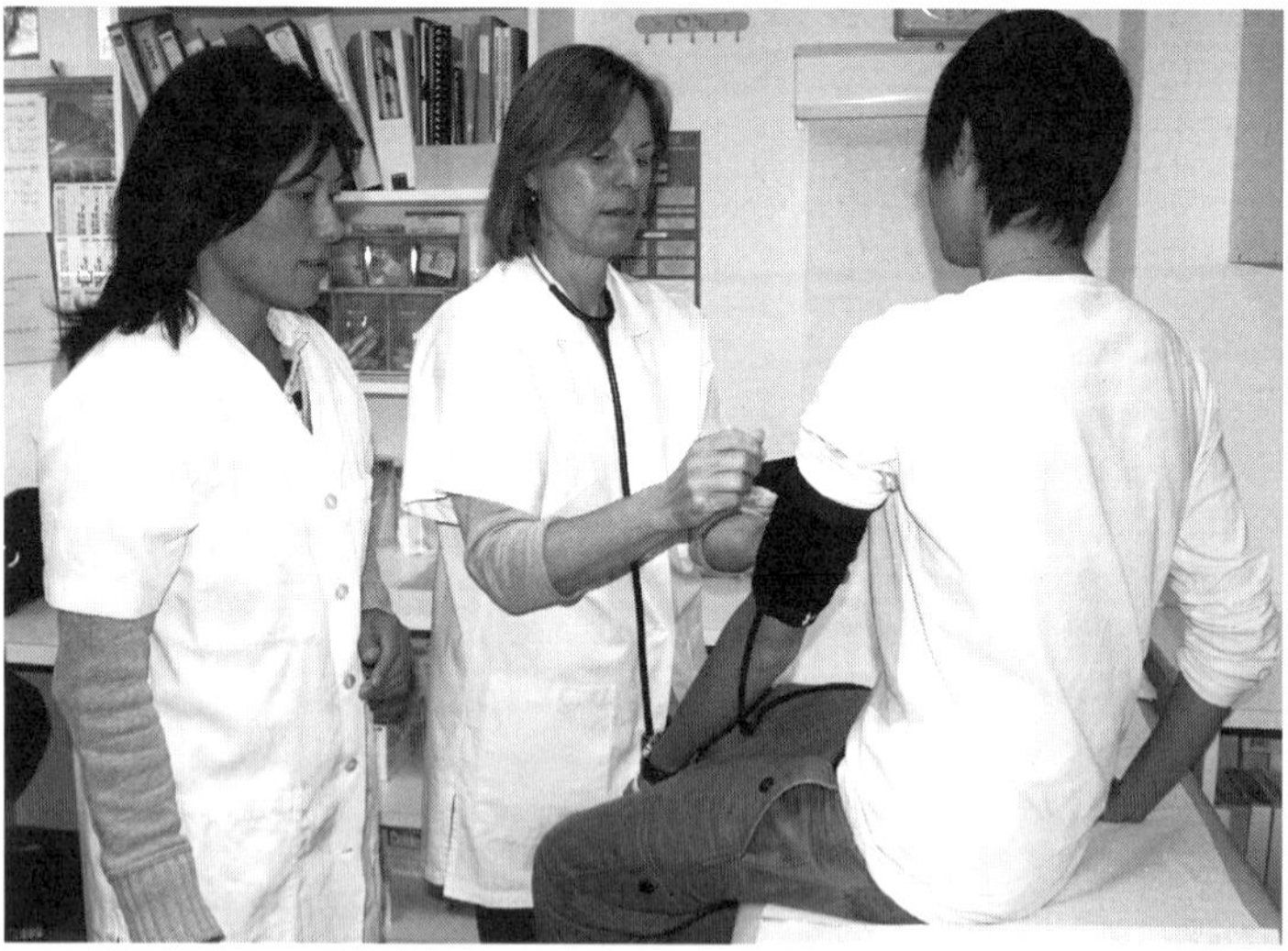

［ヘルスセンター］でナースの診察を受ける。左が三國先生

係というのでしょうか、いい方向で機能しているんですね。だからこそ『変わろう』と思っている子にとっては、変わりやすい環境にあるのだと感じています」

保護者から感謝されるのは、適切なカウンセリングをしてくれる機能がきちんと働いていることはもちろんですが、KLASは様々な行事やトリップがあるため、たとえば毎年行われる英語ミュージカルや音楽祭に参加するなど、今までは傍観者にすぎなかった子どもたちが、自ら自分をアピールする場所を見つけて、自信をつけていく機会に恵まれていることです。

先生たちも、そんなふうに自分の殻を打ち破ろうともがいている生徒を見守り、じょうずにバックアップをしています。

たとえば、ボランティアトリップでは思い切って、問題を抱えている子にリーダーをまかせたりします。初めは戸惑っていた生徒も、まわりの生徒や先生の助けを借りながら少しずつリーダーとしての責任感や使命感を持つようになり、立派にやり遂げるのだと言います。

そこまできたら、もうだいじょうぶ。その生徒は心身ともに大きく成長をして、KLASに来た当時とは、まるで見違えるような変貌を遂げるのだそうです。

男女間のルールと性教育の重要性

高校生という年ごろの男の子と女の子が、一つ屋根の下で暮らしているのですから、男女交際に関して、学校は一定のルールを設けています。

もちろん男女交際を禁じているわけではありませんが、周囲に迷惑をかけない、節度ある行為を求めています。たとえば、学校内では男女で手をつないではいけないとか、学校が主催する旅行の中では、カップルは別々の行程に振り分けるなど、事前に対策が講じられています。

親もとから離れているだけに、性教育に関する学校の責任はより重いと考えられることと、スイスからそのまま海外の大学に行く、あるいは親もとを離れて日本の大学に行く生徒が多いだけに、正しい知識を身につけて自分の身を守っていけるように、保健の授業の中で、性教育はきちんとしていきます。

三國先生は、一一年生の八月後半から一一月後半までの保健の授業を、性教育にあてているそうです。

「私は、男女を一緒にして授業を行います。性行為は男女の問題ですので、どちらにも正しく知っておいてほしい。衝動的ではなく正しい知識に基づいて、きちんと話し合いができる人間になってほしいと思っています。

好きな人のことを思うのは、その人のことを悲しませないということですから、その点を強調して、しっかりと教えますね。妊娠をするのは女の子ですし、中絶する場合、そのデメリットは、女の子しか受けないわけですから。

心の傷は目には見えないけど、本当に好きな人が、そういうことで傷つくことをきちんと理解しなさい、と。好きだからセックスをしていいのではなく、好きだからこそ相手がイヤだと思うこと、傷つくことはするのではないと、はっきりと言います。

日本の現代の若年層の問題として、中絶と性感染症があげられます。特に中絶の問題は、どんどん低年齢化しています。その背景の一つには『相手に嫌われたくない』ということがあります。嫌われたくないからこそ、相手の求めに応じてしまう。ですから、授業のときはいつも言っているのですが、『それは違うよ』と。『自分がイヤだと思っている、そういう気持ちが分からない相手だったら、つき合うのをやめなさい』と。

自分本位の気持ちだけを押しつけたり、相手の気持ちを分かってあげられないのは、本当の愛情ではないと話しています。大切なのはつき合っている相手が、自分の気持ちと立場を理解できる男性であるかどうか。そして、イヤだと思ったら『イヤだ』と相手にはっきりと言う勇気。お互い『人と人として』つき合うわけですから、自分の素直な気持ちを伝えることのできないような相手とは、別れたほうがいい、と言います」

そんなこと、うちの子にかぎっては関係ありません、と思っている保護者の方もいらっしゃるかもしれません。でも、高校から大学、そして社会人へとなっていくのですから、「そういう世界が待っている」と考えておいたほうがいいと思います。彼氏や彼女がいないのだから、まだまだ遠い先の話、みたいな感じでとらえている保護者の方も、ある瞬間には、そのような事態になってしまう可能性もあるのだということは、つねづね覚悟をするべきかもしれません。

三國先生は言います。

「『性交時に避妊具をつけない人は、どんなに優しくてもいい男ではない。どうしてかというと、その人は、あなたの体のことを心配していないし、その人自身も、自分の体を心配していないから』と授業では言っています。

というのも、どんなにかわいい女の人でも、もしかしたら性病を持っているかもしれない。男の人だって、自分の体を大事にしなければいけないと思ったら、避妊具をつけるのが当たり前なのですけれども、なぜか女の子が性病を持っているなんて、思ってもいないんです。ですから、避妊具をつけないという男の子は、女の子の気持ちも分かっていないし、自分の体も大事にしていない男だから『やめなさい』と、はっきりと言います。

私は、こういった話をきちんと言える大人が身近にいるのは、いいんじゃないかって思うんです。すぐに秘め事みたいな感じで隠すような大人がいると、子どもたちも『こういう話は、公の場でしちゃいけないんだろうな』と思ってしまうわけです。

でも、男女交際のことはもちろん、セックスのことも、おおらかに話している大人がいたということを知っていると、別に性の問題は隠すことでも、悪いことでもないと思えるんじゃないかなって。

もちろん、ここの生徒たちは節度をもって男女の交際をしていますから、差し迫った問題ではありません。しかし将来、生徒たちが、そう言えば三國先生が保健の授業でこんなことを言っていたなということを思い出してくれれば、それだけでうれしいですね」

実際の授業で、三國先生が教材にしている本があります。それは『悲しいセックス』（幻冬舎）という、東京の六本木で産婦人科を開業している赤枝恒雄さんが、実際に自分が診察にかかわった患者さんのことなどを題材に、小説仕立てにした本です。

物語は、本当に好きな人ができたときに恋愛できない体だったという、エイズで亡くなった女の子の話です。彼女は、小六で援助交際を始め、中絶、性病を繰り返し、やがてエイズで命を落とすことになるのですが、彼女と家族の葛藤と愛情、そして究極の恋愛が描かれています。

親たちの世代のころとは違い、最近はとても男女交際もオープンになり、それに伴って妊娠、中絶といったことが、当たり前のように行われるようになりました。

それにもかかわらず、思春期の性教育は、家庭ではいまだにタブー視されていたり、学校の授業でもさほど具体的なことは話されず、型にはまったことのみを伝えるということが多いようです。一部の学校や先生が、熱心に独自の授業を展開されているという話は聞きますが、それはあくまで一部であって、いまだポピュラーではありません。

離れて暮らしているからこそ、保護者は子どもたちのことが気になりますし、心配もします。ＫＬＡＳではそれぞれの先生たちが、子どもたちが親もとを離れているからこそ、今、生徒たちに伝えなければいけない事柄を伝えています。それも、全身全霊で伝えていることが、身近に接してみて、とてもよく分かりました。

私自身は、長男のときは特別な性教育をしませんでしたし、それは言いにくいことであり、ある程度のことは、学校の保健体育で教えてくれているだろう、と思っていました。いや、雑誌や本のたぐいから、あるいは、ませた同級生や先輩から、すでに聞いて知っているはずと、積極的にはかかわらずにいました。

長男の通っていた都立高校では、ませた女子生徒が多く、成人女性さながらに髪は茶髪で化粧をし、制服のスカートも必要以上に短く、「これが高校生？」と思う子も中にはいました。そんな子は私服になると、まるで大人の女性の服装と化粧をしていて、男の子を挑発しているとしか思えませんでした。

しかも、高校生にもなって、性的な関係を一度も経験していないのは恥ずかしいこと、という風潮が男の子の間にはあったようで、セックスはすでに経験済み、という子どもたちも少なからずいたと聞きます。

当時は私自身、覚悟を持って、そのような格好をしているのだから、「妊娠、中絶は自己責任」と思わないでもなかったような気がします。しかし、三國先生の話をお聞きし、どんな外見をしていようと、中味は、経験と正しい知識の乏しい女の子であり、そのような彼女たちにこそ、正しい性教育が必要なのだということが分かりました。

今、長女は中学三年生。彼女の学校では、授業で性の問題をきちんと取り上げているようですが、三國先生のご指摘のように、いつ何時、そのような事態が目の前に出現するかは分かりません。私もさっそく、『悲しいセックス』を読んで、いい機会ですから、長女とその辺の話をしてみようかと思っています。

親たちが苦手としている性教育を、KLASでは、とてもいい形で正しく教えてもらえますし、先生たちみんなで生徒の成長を見守ってくれています。なるべくなら難しいこと、面倒くさいことは、しないでおきたいというのが日本の学校ですが、そこが大きく違います。

KLASは学習面、生活面の両方の責任を、保護者に対して負っているからです。性の問題など、このような点での学校と生徒のかかわり方を知っただけでも、親としては、非常に信頼が置けたのは確かでした。

集団生活には規則があるということの理解

生徒指導は英語で「Discipline（ディシプリン）」と言うそうで、日本語訳としては「訓練・制御・規律・風紀・懲戒」という言葉が、辞書には並んでいます。つまり、「自己抑制を訓練することで規律を生み出し、風紀を正す、できなければ懲戒される」ということです。

日本の学校では、校則に違反したということで指導されます。もちろん、KLASにも決まり事はあり、規則はきっちりと守らなければなりません。しかし、同じに見えても大きく違うところがあります。それはKLASでは、決まりを守らなければならない理由を、違反した生徒自身が理解できるようになるまで徹底的に指導することです。

KLASの生徒指導には三つの根本的な教育方針に基づいて行われています。一つは「Community／共同体意識」、二つ目は「Respect Others／他者の尊重」、そして三つ目は「Global Standards／国際基準」です。

スイス公文学園日本事務局の児玉省三事務局長は、日本各地で行う学校説明会で、次のような話を必ずするそうです。

「KLASは、一八〇人ほどの日本人高校生と、世界一〇か国から来ている五〇人ほどの教職員、合計約二三〇名で一つのコミュニティを形成しています。その構成メンバーは、同じ日本人高校生でもいろいろな家庭環境で育っていますし、北海道から九州、沖縄、一部は海外からも来ているわけです。家庭環境も育った地域の生活環境も異なるのですから、当然、習慣も違っているはずです。特に、海外出身の教職員などは、国の違いで価値観や考え方も大きく違います。

その中で、二三〇人の一人ひとりが快適に過ごせるためには、KLASは規律ある共同体でなければなりません。その規律の下に、文化的に異なる背景を持つ人たちが、生徒たちを真の国際人に育成することを目的に集まっているのです。多様なメンバーがユニークな活動をする、KLASという共同体を成立させるためには、誰もがその規律を守る責任を負っていると、自覚しなければいけません。

ですから、『その行為が許されたら、KLASの風紀や規則が保たれるか』『快適で楽しい学校生活が保障され、誰もが可能性を伸ばせるために守ることは何か』という最低限のルールの遵守が、指導の基準となっているのです。それは難しいことではなく、たとえば、『お酒を飲んではいけない』『人のものを盗んではいけない』など、人として守るべき、ごく当たり前のことです。

　そして、多様な人間が集まるKLASでは、その多様さへの対応も重要です。それが二番目のリスペクト・アザーズ、『他者の尊重』です。

　つまり、互いにコミュニケーションに努め、『違いがあること』『他者が存在すること』を認め、『思考や議論の出発点にする』ということ。『他者の尊重』という方針は、異文化を理解する上で絶対的に身につけなければならない、『他者への接し方』の基本と言えるでしょう。

　無視も攻撃も、他者の存在を認めず、消し去ろうとする点では共通しています。本能的な反応しかできなければ、共同体は成立せず、他者を理解することなどできません。KLASでは、『他者の尊重』を学習指導や生徒指導ばかりではなく、学校行事や課外活動にも適用する、根元的な方針としています。

　簡単に言えば、生徒が先生を敬うことはもちろん、生徒が生徒を敬い、先生も生徒を敬うような関係を築くようにみんなが努力をし、その責任をみんなで背負っているのです。

　最後の三番目は、『国際基準で指導する』ということ。自己の行為に対しては、きっちりと責任を取る、ということを徹底させています。

日本の学校で行われる生徒指導は、ややもすると言い訳が許されがちです。それはあくまでも、問題行動が生じた状況にこだわるからです。

もちろん、何が起こったのかを正確に把握する必要はありますが、状況の隅々にこだわりすぎると、結果として、あらゆる言い訳や言い分を認めてしまうことになりかねません。それではたとえ校則があっても、状況判断のほうが優先され、原因究明をすれば、問題が解決されたように見なされてしまうことにも通じてしまいます」

たとえば、日本の高校などではよくありがちですが、生徒が校則に違反すると、担任の先生は「君はどうして、こんなことをしたのか」と聞きます。それに対して生徒は、いろいろな言い訳や自分の言い分を述べます。そうすると、先生は「そんな事情があったのか。じゃ、今回は許すから、次からは気をつけるんだぞ」とおうような対応をしてしまいがちです。それでは校則の意味は希薄になります。生徒の中には、簡単に許されてしまったものですから、また、同じ過ちを繰り返すということがあるように聞きます。

やはり問題となる行為をすれば、続いて起こる必然的な結果に自分は責任を負う、ということを徹底しなければ、生徒は「自己責任」について学ぶことはできません。

生徒指導部長は、イギリス人の副校長で美術を教えている、ウィリアム・マンガン先生が担当しています。イギリス人の子どもに対するしつけはとても厳しいもので、そういう中からイギリス紳士や淑女、ジェントルマンやレディが育っていくのです。

そんな厳格な欧米流の指導によって、生徒たちをグローバル・スタンダードを身につけた若者に成長させていきたいと、ＫＬＡＳでは考えています。最初は、その厳格さに戸惑うことがあるかもしれません。でも、その厳しさは、夢を追って、はるばるスイスへやってきた生徒たちに対する敬意と愛情に裏打ちされたものであることは、実際にＫＬＡＳで過ごしてみるとよく分かります。

副校長、生徒指導部長のマンガン先生。
画家でもあり、生徒たちには美術を教える

KLASの教育理念の根本は人間教育

KLASの総責任者である渡邉博司校長は、次のように話します。

「KLASの教育理念は、本格的な英語教育、それから日本では絶対にできない国際教育、そして人間教育、この三本柱であり、普通の学校とは違うところです。

特に三番目の人間的な成長をはかるということを、この一〇年ほど意識をして、強調してきました。英語教育、国際教育、この二本の柱はもちろん大切ですが、三本目の人間教育、それは、人の気持ちを尊重し、協調してともに歩んでいくが、それでいて『自分は自分である』ことを決して失わない強さ、それを正しく身につけた若者に育ってほしいという、私たちの願いを象徴しています。

この実践こそがKLASの使命であり、KLASの三年間でアイデンティティを確立した子どもたちが、実際に、大学、社会へと巣立っていっていると信じているところでもあります、生徒たちが卒業後に高校時代を顧みて、あのころは特別な三年間だったとして深い感慨を抱いてくれるのも、その方針にあるのだと思っています。

生徒たちの立場に立って言いますと、友だちとにぎやかにワイワイやっているうちに、あっという間に過ぎてしまう三年間でしょう。しかし、日本では個室を与えられ、誰に気がねなく自由に振る舞うことができて、自室にはテレビがあり、携帯電話やパソコンを楽しむという、便利で気ままな生活をしていたのでは決して身につかない『人間関係力』みたいなものが、ここで過ごした三年間で鍛えられ、身についていくわけです。

当然ながら、一五、一六歳の若い世代は、人とうまく折り合っていくということが、あまりじょうずではありません。人に迷惑をかけたくないとか、とやかく言われたくないという気持ちもありますから、自分の中に閉じこもったりするという事態も起こり得ます。相手を理解しながらも自分を主張して、お互いに気まずい関係にならないようにするためにはどうしたらいいか、ということなどについて、常に考えなければならないという鍛えられ方は、ほとんどありませんから、刺激の乏しい日々を過ごしてしまいがちです。

ですから、ＫＬＡＳへ入学したばかりの子どもたちも、初めは妙におとなしい。猫をかぶってシーンとしていて、最初のころは絶対に目立ったりしません。ヘタに目立つと注目を浴びて、イジメの標的になりはしないか、などと思うのでしょうか、防御の姿勢で、ただじっとしています。

でも、一年、二年と時を経るにつれ、先輩たちの行動を見ながら、いろいろなことを試していきます。『ここまでは言っても、だいじょうぶだ』『こういうふうな表現をすると、人は怒るのだ』『こういうやり方では、人を傷つけるのだ』というように、本当に様々なことを学んでいくわけです。そのような体験を積み重ねることによって、主張の仕方や人との間合いの取り方などを、自分の体で覚えていくのです。

先輩たちに影響されながら、下級生たちは成長していきます。ですから、社会性や自立という意味では、入学時、ほんのヨチヨチ歩きだった子が、一八歳の卒業するころには、大きく成長して、この高校を卒業していくのです。

うちの生徒たちは、大学生、社会人になっても、よくここを訪ねてくれますが、

『日本の大学はどうだい』

と聞くと、口をそろえたように、

『まわりの子たちが、とても幼く見えます』

と言います。なぜかと尋ねると、

『せっかく友だちになっても、ある一定以上、絶対に親しくなろうとしない。もっ

と話そうよと言ってもイヤがられるので、あまり深く入り込まないほうがいいみたいです』

と言うんです。彼らにとっては日本に帰国してからむしろ、人間関係の難しさという、逆カルチャーショックを受けるようです。

そういう点から言っても、生活の中で身につけたものは、人間にとって非常に大切なものなのだと痛感しています。

海外に来て、英語力を高めることも重要なことですが、それはあくまでも、知識であり技術です。しかし、『人との接し方』というのは頭の中の理解だけでは、身につけることはできない。時間もかかるし、自分なりに体得していかなければならない。やはりそれは、三年間という長い目で、彼らを見守っていてくれる人びとが身近にいなければ、きちんとは身につかない事柄だと思います。そういう空間を作り上げているのが、KLASが取り入れている『全寮制』だと、私は思います。

考えてみれば、古き良き日本の旧制高校では、ほとんどが全寮制でした。その中で優秀な高校生たちは、様々な切磋琢磨をしていったわけです。

自分の尊厳を傷つけられても、日本ではたぶん、もめごとを避けて何でもなかったようなふりをするでしょう。逆に、関係を断ち切るかのように、闘うかもしれません。しかし、ここの生徒たちは、相手を傷つけるかどうか、自分の心と葛藤しながらも、話し合いを通して解決しようとします。黙っているだけでは、事態は何も変わらないということを、身をもって知っているからです。もちろん、言い合いになることもあるでしょう。しかし、失敗するからこそ学ぶのだと思います。さらには、より良い解決法を先輩の振る舞いから学んでいきます。そんな日常を通して、他人とのいい関係を築き上げていくわけです。

ここでは、自分のやりたくて仕方ないことが、他人に制限されることもあるので、そういうときはものすごくつらいかもしれません。自分の主張が相手との関係を悪くするから、なかなか言えない、先輩だからなおさら、という悩みもあります。

でも、そのような生活環境の中でも、どうにか解決の答えを見いだしていく、そのプロセスこそが、その後の人生にとって大切なことなのです。この答えは、人間同士の生身の触れ合いの中からしか出てこない。それが決定的に不足しているのが、今の日本の学校現場の実情かもしれません。

大人になってからだと、おおかた『彼らと私とは、違う人間なのだ』という解決の仕方をしてしまうでしょう。ですから、『鉄は熱いうちに打て』という言葉があるように、高校時代の感性の柔らかい時期に、人間関係の深まりを求める必要があると思います。

日本では、『生徒の自主性を尊重する』という名の非管理教育が叫ばれていますが、自主性を尊重すること自体に異を唱えるつもりは毛頭ありません。しかし、自由と自己責任は一対であり、守るべきルールがあるからこそ自主性は尊重されるべきで、自主性が放任主義と結果的に結びついてしまうならば、教育者として無責任きわまりないと考えます。生徒が一線を越えても許されると感じてしまえば、それこそ何でもありの、危険な学校、社会になってしまいかねません。

ＫＬＡＳはある種、凛とした空気の中で生徒たちは整然と、自ら決められた規律に基づいて行動しています。これは『ルールは守る』という大前提のもと、厳しいけれどもあたたかい生活指導を行ってきた、教師、指導者たちの努力のたまものであると自負しています」

渡邉博司校長。ＫＬＡＳの教育理念にある英語教育、国際教育、そして人間教育の推進者

個性的な生徒の居場所が少ない日本の高校

ＫＬＡＳの先生たちや生徒たちの話をお聞きし、今の日本の現状について、私なりにまとめたいと思います。

私たち親世代の時代と違って、子どもたちの世代は、海外に出る、留学するということに、さほど特別だという感情を抱かないようです。家族での海外旅行はなんら珍しいことではなく、中学や高校の修学旅行で、海外へ行く学校が年々増えていますし、帰国子女が何人も、まわりにいるという現状です。また、マスメディアやインターネットなどで、海外の情報をほぼリアルタイムで手に入れることも容易で、子どもたちにとって海外は、本当に身近な存在になっています。

また親にとって、せめて子どもにはできるだけいい教育を与えたいと思うのも当然でしょう。もちろん日本でも、素晴らしい教育を行っている学校はたくさんあるでしょうし、全寮制の学校も少なからずあります。

しかし、もっともっとわが子の個性を引き出してくれる学校はないのか、グローバル・スタンダードに基づいた国際人になるような教育をしてくれる高校はないのか、など、日本のつめ込み教育、画一的な教育に不安を抱いて、海外の学校も視野に入れ始めた保護者たちも増えていると聞きます。

さらには、二〇一一年から小学校でも英語教育が始まろうとしていますが、中学から高校までの六年間という長い期間をかけて英語を学んでも、まったくしゃべることができない子どもたちが大部分です。そして受験英語のつまらなさから、英語に対して苦手意識を抱く子もたくさんいて、英語というだけで拒絶反応を起こすという、最悪の結果になった子もいます。かく言う私がその一人です。

そうなる前にと言いますか、そんな英語が苦手な子どもだからこそと、まだ間に合う高校生のときに、将来のことを考えて留学をさせた方も身近にいました。これからますます国際化が進み、世界に通用する英語力をつけさせなければ、就職の際にも太刀打ちできないと危機感を抱く方も多いようですが、しかし、英語ができるというだけでは、国際的でもなければ、会社での即戦力にはならないことも、また事実です。

いまだに、英語さえできれば何とかなるという、まるで特別な能力のように考えている保護者や子どもたちも少なからずいますが、世界規模の話をすれば、バイリンガルは当たり前で、それは教養の範囲内のこと、と言われることでもあるわけです。

でも、もっと広い視野で考えてみましょう。海外留学には語学力を向上させる以上に、もっと大きなメリットがあるということを。

特に、高校生という感受性が豊かで身体的にも大人の基礎ができ上がったこの時期に、世界を肌で感じ、異文化の中で暮らすことの意義ははかりしれません。異文化の中で生活していればこそできる様々な経験により、異文化への理解とグローバルでフラットな世界観を身につけることができ、日本はもちろん、世界中どこででも、たくましく、そして楽しく生きていける人間になれるように思います。私はその筆頭に、スイス公文学園高等部、ＫＬＡＳへの入学をあげます。

今までの、保護者やまわりに守られた空間から離れ、誰も知っている人がいない、住んだこともない土地で暮らすのですから、孤独感には当然襲われるかもしれません。でも、全寮制ですから、ほかの子どもたちも自分と同じ状況であることで、自分だけが孤独なのではないということが分かり、お互いに助け合い、励まし合って成長していきます。

さらには、寮生活では、様々な性格の同年代の子どもたちと交じり合いますから、おのずと他人との関係について考えることとなり、自然に友だちを思いやり、気づかう気持ちが育まれてきます。

また、日本の高校生のように四六時中、携帯電話を手放せず、家でもテレビは見放題、ゲームはやり放題、食事や洗濯も母親がすべてしてくれるといった生活から切り離されます。都会の華美な世界から遠く離れた場所に生活基盤がありますから、勉学やスポーツ、音楽や演劇などの課外活動に熱心に取り組むことになりますし、宿題もたくさん出ますから、毎日が忙しくて、外出することも遊ぶことも、とても限られた時間だけです。服装や生活態度、もちろん授業に関しても厳しいルールが決められていますから、日本ではあまり感じられなくなった、素直さと礼儀正しさが生徒たちにはあります。

KLASでは生徒会が中心となり、各種行事も活発に行われています。それも教師が主導するのではなく、そのような活動はすべて、生徒たちが自主的に運営しています。日本でいう文化祭や体育祭も盛大ですし、ボランティア活動も積極的に行っていて、生徒たちが自ら募金活動や校内バザーを開催し、その資金をもとにアフリカなどへおもむき、現地の子どもたちと触れ合ったり、救援活動を展開しています。

また、年に二回の文化旅行は、ヨーロッパの歴史や文化に触れるのが目的で、その後、英語で生徒が見たり感じたりしたものを、レポートにまとめさせています。

そのほかにも、世界各国から高校生たちが集い、一週間にわたって環境問題などの国際的な課題を英語で議論をする高校生のための「ハーグ模擬国連」という、日本の高校ではほとんど知られていない催しに、この学校では当たり前のように毎年、参加しているのです。

非常に高度なレベルの議論になりますから、選ばれた生徒の事前の勉強量は半端ではありません。しかし、世界中の同世代の外国の高校生たちと、意見交換することで自分の未熟さも知り、刺激も受けます。参加した生徒たちは、その後の人生において、そこで得たことの影響を非常に受けていて、ある子は国際的な仕事をすることを目標とし、またある子は、一人でもたくさんの命を救いたい、役に立つ人間でありたいと医師を目指すことを誓うなど、はっきりした目的意識を強く抱くようになるのです。

日本の高校では考えられないような、貴重な経験を生徒たちはしています。そこで培ったコミュニケーション能力や広い視野は、将来、どんな道へ進もうとも生かされることだと思います。

近年、日本では、いわゆる「落ちこぼれ」と言われる子どもや、不登校の子どもたちが増えています。ただ、一言で「落ちこぼれ」と切り捨てますが、実は、彼らは日本の学校教育になじめないだけなのではないでしょうか。というのも、たとえ彼らに素晴らしい才能があったとしても、日本では切り捨てられるか、見て見ぬふりをされることが多いことも事実だからです。でも、そんな子どもたちが、スイスで三年間暮らすことで見違えるように成長し、自分の目標を見つけて巣立っていくケースもあると聞きます。

どうしても、日本の現状の教育は、そのような個性を育てることが不得手で、逆に個性の芽を摘んでしまうことが少なく

毎年10月、12年生が北イタリアを旅する[シニアトリップ]。ベネチア・サンマルコ広場にて

ありません。人より少し目立っただけで仲間はずれにされたりと、平均的というか、普通でいることが良しとされている風潮が、いまだにあります。でも、人と違っていて当然ですし、目立つのも個性ととらえれば、それを長所として伸ばしていけさえすれば、後に思わぬ成長が見られるかもしれないのです。

何でも批判的に見るのではなく、「ああ、そんな人もいるんだ。変わっているけど、おもしろそうだ」と、別の視点で見てほしい。受け入れる度量を日本の学校に身につけてほしいと思います。

そんなちょっと個性的な生徒も、このスイスの学校では、その才能を存分に発揮できる場所、場面がいくつもあり、教師たちもその個性を見つけて伸ばしてくれるのです。もちろん、ほかの生徒たちも、自分と違った点を個性として素直に受け入れる心の深さ、優しさを持っています。

ですから、日本では規格外というお子さんをお持ちの方も、日本の学校ではものたりないという天才肌のお子さんをお持ちの方も一度、スイスの学校ＫＬＡＳを実際に訪ねられるといいと思います。そこでの体験を通して、わが子の将来を家族みんなで改めて考えることで、おのずと進学すべき高校も明確になるのではないでしょうか。

第三章

「KLAS」が育む人と人との信頼

寮生活で何かが変わる

寮生活を実体験したことがない子どもたちには、寮生活がどんなものなのか、窮屈なものなのか、案外楽しいものなのか、理解するのは難しいことでしょう。しかし、寮生活を経験したＫＬＡＳの生徒のほとんどが、「たいへんなこともあったけれど、自分の成長につながり、本当に良かった」と、振り返ります。

特に、その理由として、「他人とのコミュニケーション能力」が身についたことをあげます。「他人との円滑な関係」とは、対等な関係。つまり、自分の意思を相手に認めさせながらも、他人との関係を保つということ。それは、お互いを認め合うこと以外の何ものでもなく、個人がもともと持っているパーソナリティというより、集団の中で鍛えられて身につく能力なのです。

最初は、誰しもが右も左も分からないという状態で、寮生活がスタートします。もちろん、見知らぬ土地で、初めての部屋で、初めてのルームメイトとの寮生活が始まるわけですから、心細いのは当たり前でしょう。それでも、気持ちとしては、なるべくまわりに迷惑をかけずに、うまくやっていきたいと、それぞれが寮生活に溶け込もうと努力します。

そんな新入生に先輩たちが、適切なアドバイスをそのつど、与えてくれます。下級生に何かと相談されるのは上級生にとってもうれしいもの。特にルームメイトとなった先輩は、新入生にとってはとても頼もしい存在です。

しかし、お互いが心底、分かり合えるには、一定程度の時間が必要となります。その時間の中には、それぞれの生徒たちの葛藤があるはずです。その過程をつぶさに見守っているのは、カウンセリングの経験も豊かな日本人で、寮内に一緒に住んでいる寮父さん、寮母さんのお二人。

いつでも、どんなことでも相談に乗ってもらえ、スイスのお父さん、お母さんという存在であり、生徒たちのプライベートに、もっとも近くで接している寮父さん、寮母さんに、「寮生活」の実際について、お聞きしました。

まず、女子寮に一五年いらっしゃる、大ベテランの横田委久子さん。横田さんは、母校の大学の研究室に勤め、その後、京都の新聞社で世論調査の仕事をしていたときに、朝日新聞の広告を見て、ＫＬＡＳ女子寮の寮責任者に応募したと言います。

「ロンドンやパリならともかく、スイスというのが珍しく興味がわきました。年齢的には四〇歳でしたから、だめだろうなとは思っていたのですけど。当時、私は中学校二年生の娘と二人暮らし。彼女が反対なら断ろうと思っていましたが、すんなり賛成してくれました。

一年間は、寮母としてのトレーニングを受けましたので、こちらに赴任するときには、ちょうど娘も中学を卒業する時期。娘を連れて赴任できるのだったらという条件も了解してもらいましたので、娘と一緒にスイスへ移り住んできました。

娘は一年間、一緒にここの寮で過ごしましたが、高二からはアメリカンスクールに通って、そこを卒業しました。娘は初めから欧米の大学を目指していましたので、ニューヨークの大学へ進学して、向こうで結婚して、子どもにも恵まれました」

赴任当初は、生徒たちは娘さんと同じ年代。たぶん、公私ともにお母さんの目線で子どもたちを見られたに違いありませんが、親もとを離れた女の子たちを、百人近くも預かるのですから、気苦労もあったでしょうし、大きな責任も感じられていたと思います。

私など、今、中三の娘一人を育てるのにも四苦八苦しているのですから、そんな女の子たちを百人も相手にするなんて想像しただけで横田さんには頭が下がります。

なにせ男の子と違って、この年代の女の子には特有の悩みがあるのです。それは、自分の容姿に関して、特に体型への並々ならぬ関心。うちの娘にしても、私からは均整のとれたスタイルのように感じるのですが、本人は「うわあ、太ももが太過ぎる。ダイエットしなきゃ」などと、年中そんなことを言っています。

雑誌のモデルや女優さんとは違うのですから、何もあんなにやせなくてもと思いますし、むしろガリガリでは不健康ですし、ちっとも魅力的ではないと感じるのですが、この年ごろの女の子たちのほとんどが、「もっとやせたい」願望を持っているようです。

そんな思いが高じて、「摂食障害」に陥る子もいるようで、横田さんもそのあたりが男の子とは明らかに違う、とおっしゃいます。

「女子の場合、身体面のことは特に気になります。拒食症や過食症などの摂食障害は、男子では聞いたことがありません。男子の場合はたぶん、たとえ食べ過ぎても、それなりに消化していくのでしょう。

ただ、多くの子の場合、スイスに来てから症状が出たというわけではなく、むしろ中学時代から引きずったまま、こちらへ来たというケースですので、一朝一夕では、なかなか治りません。親ごさんの中には、症状を学校側に知らせていない方も多く、担任の先生も私も、症状が確認できてから初めて『そうだったのか』と分かるのがほとんどですね。私も、できるかぎりのことはしたいと思っていますけれど、一人の子ばかりにかかわるわけにはいきませんから、そのあたりが悩ましいところではあります。

日本では登校拒否だったというお子さんもいて、先ほどのケースのように、親ごさんは、わらにもすがる気持ちで、うちの学校へ入学させる方もいらっしゃいます。でも、その親ごさんとの関係、親に対する反抗心から登校拒否になったというケースもありますから、逆にレザンに来て、距離的に離れることで、お互いのいいところを冷静に見られるようになった、という生徒もいました。

摂食障害は、集団生活の中で、その症状が軽くなったり、なくなったケースは少なくありませんから、何かの刺激を受けて生徒は変わっていくのでしょうね。登校拒否児だった生徒が、卒業時には、成績が優秀で、生活態度もまったく問題のない生徒に変わり、親に対して、この学校に来させてくれたことを、心から感謝するという場面に出会うことがありました」

寮母は常に公平でなければならない

寮は集団生活ですから、対人関係がスムーズにいかないこともあります。特に、親もとを初めて離れた一〇代半ばの子どもたちにとって、身の回りのことをすべて、自分一人でやらなければならないのは、結構プレッシャーがかかります。また、他人との共同生活ですから、戸惑うことも多いでしょう。でも、最初から「何もかもうまくいく」などということはありません。むしろ、うまくいかないのが当たり前で、失敗や挫折を繰り返していく中から、いろいろなことを学び、いわゆる「人間力」がついてくるのです。

「本当に、今まで親がかりだったことを、全部自分でやらなければなりませんから、何もできない自分に対して嫌悪感を持ったり、人と比較して、自分はダメだと劣等感を持ったりする子がいます。対人関係にしても、どうもうまくいかない、クラスで自分一人が孤立していると思ったりする子もいたり。実際は、そんなことはないのに、そう感じてしまって、悪いほうへどんどん考えて、ふさぎ込んでしまう子もいるんです。

そんなときには、『ま、いいか、ぐらいに考えたら』とアドバイスするんですけど、そういう子はどうしても、突きつめて考えてしまいがちなんですね。まわりの友だちもそんな彼女の変化に気がついて、ある時期までは、一生懸命手を差し伸べようとするんですけど、本人が、そういうことさえ疑ってかかるというか、もうバリアを張ってしまうんです。

結局、まわりも無理に誘ってもイヤだろうと、あきらめて放置してしまう。そこで、ますます本人が孤立感を深めてしまうのです。要するに、自分のほうが拒絶しておいて、誘ってもらえなかったと思い込んだりするわけです。大人同士の関係ですと、そこを突っ込んで話せたり、相手の言うことも理解するのですが、同じ年代だと、どうしても素直になれなかったりするんですよね。

そういうときは、カフェテリアで食事中に、なにげなく観察するようにしています。たとえば、一人でポツンと食べていたり、食べ終わっても友だちと談笑もせずにすぐに出ていったり、なかなかカフェテリアに入らずにウロウロしているとか、そういう状態が一つの目安になります。また、寮内でのようすを見て、ほかの生徒から『ちょっと彼女が、たいへんみたい』という情報が入ってくることもあります。

様々な兆候が出てきたときは、いいタイミングだな、というときを見はからって、本人に声をかけます。そういう子は警戒して身構えますので、とにかくさり気なく、やんわりと話を始めるように心がけていますね。あまりズバッと核心に迫ると、生徒にもプライドがありますから『いえ、そんなことないです』とか『誰から聞いたんですか?』と言って、そこで拒絶されてしまうことがあるのです。

ですから、同室の生徒のことを尋ねたり、学校行事の話題を出して、たとえば、体育祭の時期なら『何チームなの?』というように、日常のなにげない会話から入ったりします。最初は、モジモジしているのですけれども、少しずつ気持ちがやわらいでくると、自分から座り込んで今の自分の思いを話してくれます。

一〇時半が消灯なんですけど、その前に生徒のほうから『ちょっと話したいことがあります』と言って、訪ねてくる子がいます。消灯の時間になると、ほかの子が来る心配はないので、『じゃ、一〇時半に来て』と言って、じっくりと話を聞くのですけど、それこそせきを切ったようにバァーッと話し始めます。ときには泣きながら。私は聞き役に徹しますから、あらかじめ用意しておいた、ティッシュペーパーの箱を、『はい』って渡すぐらい。

やはり、誰かに聞いてもらったということで、いったんは落ち着きますね。生徒にもよく言うのですが、誰かに話すことで、自分が何に悩んでいるのか整理できるんです。悩んでいる子というのは、もう糸が絡み合ったみたいに頭の中がグチャグチャになっていますし、悩みも一つではなく、いろんな要素があるわけです。それが問題をよけい複雑にしている場合もあるので、そういうのを、こちらが整理させて解きほぐしていきます。

とは言っても、聞き役の私でさえ、何を言いたいのか、何がその子の悩みなのかが分からなくなることもあります。『ああ、もうイヤなんです、私は』なんて、感情が先走っている状態から始まってしまうこともままありますから。

そんなときは、『じゃあ、何がイヤなのかちょっと考えてみようね』と少しずつ経緯を聞き出していくと、本人も納得できる部分が出てきて、『そこまで心配することもないいな』なんて、気がラクになるのでしょうね。先の見通しもついてきたりして。で

レザンでもっとも古い建物［Old Church］。
年に数度、教会の中でクラシックコンサートが開かれる

すから、まずは、本人に問題点を整理させていくことが大切ですね。

悩みを抱えた子というのは、思い込みが強いので、悩みイコール劣等感になって、悩んでいる自分が歯がゆくなったり、まわりの子はみんな何の悩みもないように見えるんですね。ですから、そんな子には『みんな楽しそうに見えるけど、そうじゃないよ』とか、『先輩だって今はしっかりしているように見えるけど、一〇年生のときはあなたと同じように悩んでいたのよ』と言ってあげると、そうだったのか、悩んでいるのは自分一人ではないんだと分かって、また自信を回復していくんです」

性格も育った環境も十人十色の子どもたち。そんな彼女たちから、大小、様々な悩みを相談されるのですから、横田さんも、なかなか気が休まることはないに違いありません。

時には、部屋割りでうまくいかないこともあるとか。そんなときは同室のメンバーを全員集めて、そこで話し合いをさせるそうで、ちょっとした誤解が元でできた「しこり」などはきれいに解消し、ひとまず落ち着くのだと言います。

「うちの学校は原則として、一年間は部屋替えをしませんから。とにかく、そこで納得してもらって、お互いに努力して、困ったことはどんどん言い合って解決しなさい、と励まして、また送り出すようにしています」

常に「最善の方法」を、と孤軍奮闘している横田さん。それでもうまくいかなかったケースはあるのだろうか。

「ありましたね。病気がらみの摂食障害の子がいて、吐いたりすると匂いが部屋にこもったり、病気だとは分かっていても、そのことを本人にはなかなか受け入れてもらえなくて、最後までうまくいかなかったことがありました」

さらには、近ごろの日本の若い子たちのファッションは奇抜なものが多く、茶髪やお化粧は、高校生も当たり前のようにしていたりします。KLASでは、制服がないので服装に関しては、ある程度の指導はするようです。

「うちの学校では、スクールタイムはきちんとした服装で、フリータイムはそこまで堅いことは言わないという方針ですけど、もともとグラマーなのに、それを強調するような服装のときは『そんなに見せなくていいよ』とか、やんわりユーモアを交えて言ったりします。もちろん、目にあまるものは男子であれ、腰パンみたいなのをカフェテリアで見かけたら『あなたの下着なんか、見たくないわよ』と遠慮なく言うことはあります。

髪の毛にしても、基本的には黒かダークブラウンです。ちょっとでも茶色っぽかったら染め変えさせます。それでも『色が入らないんです』とか『髪が傷んでて』とか言い訳をする子もいますけどね。でも、明らかに茶色に染めているという子には『月曜日までに染め変えないと、とんでもないことになるよ』と厳重に注意します」

どんな場合でも横田さんが心がけているのは「常に公平に」ということ。
「特に女の子の場合は、ほかの誰かがちょっとでも優遇されている、と思わせたら、それでおしまいですから、ひいきは絶対にしないように気をつけています。とにかく、どんな時でも『寮母さんは公平にみんなを扱う』と認めてもらわないと。

だから、あまりがんばっていない生徒には、ときには『がんばっているね』と、うまくモチベーションを上げるように話しかけたりするんですが、逆に、しっかりやっている子は不満かもしれませんね、そんな優しい言葉を私にはかけてくれないなんて。だけど、うまくいっている子はだいじょうぶ。うまくいっていない子にとっては、私のちょっとした言葉がきっかけで『ああ、ちゃんと見ていてくれているな』と、気分が明るくなって、生活が前向きになることもあるわけです。

たとえば、お部屋の片づけがきちんとできない子が何人もいるのですが、たまにきれいに片づいていたりするときには、『今日はなかなかいいね。続けてね』と貼り紙を貼っておいたりします。そうすると、その貼り紙がまるでお札のように何か月も貼られていて、それが励みになっているようです。やっぱり子どもというのは、ちょっとしたことでもほめられたり、認められることがうれしいんです」

それにしても、反抗期真っ最中の子どもたちもいるはずですから、横田さんの苦労が目に見えるようです。

「私が母親代わりみたいなものですから、母親に対する攻撃のようなことをしそうなものですけど、なかなか私には怖くてできないみたいです。

経験上、生徒に対して甘やかすと、ドンドン要求がエスカレートして際限がなくなりますので、私は決して甘くはしていません。ですから、たまにちょっと優しいことを言うと『ウワア、今日はすごく優しいんですね』と、生徒のほうにありがたみが出るみたい。卒業のときの寄せ書きを見ると『厳しいけど優しい』と書いてありますので、そんなときは、よしよし、うまくいってるぞと思います」

親に対しては、なかなか言いにくいことも、何でも冷静に、客観的に受け止めてもらえる横田さんになら、子どもたちも本心をさらけ出して話ができそうです。子どもたちにとっても親にとっても頼もしい人だと感じました。

話を聞く。問題は生徒たち自身が解決する

続いて、男子寮の寮父さん、横田寮母さんと同時期になられた伊藤康弘先生と、その後、伊藤先生が地歴・公民の教師として異動したことにより、三年前から寮父さんとなった米原勝さんに、お話をうかがいました。

まずは、生徒たちから「カリスマ寮父」と言われた伊藤先生は、大手企業でのコンピューターのソフトウエアを開発という、それまでのキャリアを投げ捨てて、スイスへとやってきました。ご本人は「まあ、風に流されたんですね」とおっしゃいますが、婚約中だった女性の後押しもあり、新天地レザンへと赴任してきたようです。

「寮父の条件だった英検二級もたまたま持っていましたし、今、教師をやれてい

るのも、教育学部を出ていますので、教員免許があったからです。しかも、八年間のサラリーマン生活での社会経験は、寮父をしていたときに、ものすごく役に立ったと思いますから、つくづく人生にはムダがないのだなあ、と思います」

とはいえ、伊藤先生にとって寮父は初めての経験ですから、最初の一年間は無我夢中で、あっという間に過ぎてしまったそうです。戸惑うことや困ったことも、たくさんあったのではないでしょうか。

「何もなく一年間を過ごせる部屋なんて、まずないですから、チョコチョコとした問題はいつも起こります。毎朝のハミガキの時間にしても、重なるとたいへんだから、少しずつ時間をずらそうという話になっていたのに一緒になってしまったりという、小さなことから始まって、目覚まし時計の音が気になって寝られない、いびきがうるさい。夜になるとあいつは勉強するので明るくて寝られない等々。ずっと我慢していたものが、一度に固まって、私のところへ持ってくるわけです。

そのときに、何かがあったというのではなくて、むしろお互いの思いが自分の中で増長されていますから、こんがらがった糸をほどいていくのは、なかなか時間がかかるんですね。積もりに積もったものですから、話をした後、すぐに『分かった』とは、まずならない。言われたほうにしても、『実は俺だっておまえのこれは……』と、相手に対しての不満を爆発させるわけで、結局はお互いさまなんです。

私は、何となく顔つきが険しくなってきたなと思っても、だいたい二週間ほど放っておくんです。それでも、険しさがおさまらなくて、関係が険悪になってきたときに初めて、『マズいものでも、食ってるんじゃないの』と声をかけます。それでまた、二週間ぐらいようすを見てると、だいたい少し穏やかな顔つきになっているんですよね。たぶん、誰かが取りもって、何とかしてくれているんですよ」

問題は生徒たち自身が解決する。なるほどなあと思います。同じ屋根の下に住んでいる寮父は、まるで生徒と一体化しているぐらい身近な存在なのだということが、伊藤先生の話を聞いているとよく分かります。

「もう三年前になりますか。通信簿で『1』を四個も取ってきた生徒がいるんです。『もう留年確実だから、荷物をまとめて日本に帰るので、段ボールをください』と私のところにやってきたんです。私はそんなにすぐにあきらめるな、と思ったものですから『ちょっと待て。その前にもう一度やってみよう』ということで、日本史や生物を一緒に勉強したんです。彼は奇跡的に、次の試験で『4』を取ってきましたから帰国せずにすんだんですよ。うれしかったですね。彼ですか？　ちゃんと卒業して大学生になっています」

さらに、二階の一角にあるデューティルームで、何をすることもなく座っていたときのエピソードは、とってもあたたかいものでした。

「廊下から、生徒の声が聞こえてくるんですよ、『トオル、どこへ行った?』とか誰かが叫んでいるわけです。そうすると、別の部屋から後輩が『トオルさん、八百屋に行きました』と返事がある、それに対して『おっ、ありがとう!』って声がするんですね。そういうのって感動的じゃないですか、おお、いいねえ。ありがとうって言えるようになったか、おまえも。新入生で入ってきたころなんて、右も左も分からなくて、ありがとうどころか、挨拶すらできなくて、先輩に文句を言われてたのにな。

おまえら、立派に育っているよなあ、と思いながら聞いている。それがすごく楽しいんです。確かに見てくれは荒っぽかったりしますけど、芯はみんな優しいんですよね。

ですから、私も生徒たちに対しては、いつも『将来、アルバイトに行ったときにつとまらないよ。もう少し、人には言葉づかいだけじゃなく、礼儀を重んじて接していかないと、生きる場所が限られちゃうよ』というふうな考え方を念頭に、話をしていましたね」

伊藤先生は、どんなときでも有無を言わせずに罰則を与えることはせず、まず話を聞くことを優先しました。そんな伊藤先生の接し方の効果なのでしょう。徐々に男子寮が伊藤色に染まっていったようです。

「寮生活のことは、実際にその中に入ってみないと分からない部分があります。たとえば、床を張り替えるときに、学校側は、掃除がしやすいリノリュームにしたいと言ったのですけど、私は大反対したんです。冗談じゃあない、と。生徒は、ここをはだしで歩いているし、寝そべったりもしているんだと、いろんな理由をつけて、やめてもらいました。

じゅうたんにするにしても、いろいろなサンプルを持ってきてもらったし、シャワーカーテンの色は、生徒たちに選ばせました。どこかのブランド物の色づかいにしたみたいですけど、すごい人気でしたよ。『寮父は学校側の人間ではない』と生徒たちは言います。もちろん、学校側の人間なんですよ。だから、板ばさみになって、つらいこともしょっちゅうですけど、基本的には生徒側に寄ってないとね。生徒は、レザンでの多くの時間を寮で過ごしていますから、その分、きちんと接していかないといけません。家族にはなれないけど、先生でもないという部分で話を聞いてやることが、重要だと思います」

人事異動とはいえ、一昨年から一四年間の寮父生活に別れをつげ、歴史の教師として教壇に立っています。正直な話、四〇代も後半になって、新しいことにチャレンジするのは、相当たいへんなのではないでしょうか。

「日本史の教科書なんか、学生のとき以来、触ったこともなかったですから、この二年間はメチャクチャたいへんです。記憶力も落ちていますから、勉強に時間がかかって仕方ありません。私の授業はご覧になった通り、まだまだ新米ですから、お恥ずかしいかぎりです。だけど、ここの生徒は本当に優しくて、逆に見守ってくれているというのかなあ。『先生、がんばって』と応援してくれるんですよね。私も、とにかく少しでもいい授業をと思って懸命にやっています。ただ、教師をやってみて分かったことは、子どもたちの顔が、昼と夜ではこんなに違うのかということ。とにかく、今まで自分が見ていたのは、彼らの半面だけだったという意識を持てたのは、大きかったですね」

伊藤先生には、一六歳と一二歳のお嬢さんがいます。寮父時代は、土日に家族と過ごすことはなかったけれど、今回の異動で寮を出て、近くのアパートで初めて家族四人だけで暮らすことになりました。遅まきながら、家族に普通の生活をさせてやれるようになったことは、とても良かったと伊藤先生はほほえみます。

　さて、寮父と教師の両方を経験した先生に聞いてみたいことがあります。生徒とのかかわり方は、寮父と教師とではどこが違うのでしょう。

「正直、まだ教師になって三年目なので、全然余裕がありません。まだまだ昼の部分の教師としては、生徒と接する時間は少ないと思うので、昼、夜の違いを無責任に言うことはできません。感覚だけですみませんが、何が違うかというと、『近い日々の生活を見ているのか』、大学進学や就職など、もう少し具体的なところでの『遠い将来を見ているか』という役割ですね。そして、今すごく感じるのは、教師は、授業の一時間一時間のつき合いですが、寮父は、三年の成長レンジなんですよね。ですから、保護者の方から、『この子、大きくなった』と言っていただければ、それで寮父はオッケーなのかな、と。

　とにかく、私がいつも思っているのは、ここを出たら、どこででも生きていける人になってほしいということ。そのことを念頭に、生徒たちにはそう話をしていますし、そのつもりで寮父もやっていました。教師としてはまだまだですけど、心の底では、寮父時代と同じ気持ちでやっています。

　なにせ、生徒たちがＫＬＡＳに来ることを決心するのは一四、一五歳のころですよね。その年のころの自分を考えると、近くの江戸川を渡るのが精いっぱいでしたから。それが、成田から飛行機に乗って親もとを離れてスイスまでやってくる。もうその時点でたくましい連中だなと思います。卒業するときには、みんなさらにたくましくなって巣立っていきますから、すごいなって、つくづく思いますね」

ルールさえ守れば後は生徒たちの自由に

伊藤先生は一四年間も寮父を続けられたのは、夜と昼が逆転している、その生活がリズムとなり、やりがいも感じていたことが大きいそうです。ただ、先生の生活のリズムに、いつまでも合わせなければならない家族にとってはたいへんなこと。家族のためにもそろそろ寮責任者を、ほかの人に変わってもらうのが最良の選択と、人事異動を機に、教職の道を選択することを決断しました。

そんな伊藤先生の思いを継いで、寮父になったのが米原勝さん。米原さんは、中学三年生のときにテレビドラマの熱血先生『金八先生』に憧れて、大学卒業と同時に、東京の成城学園中学で一八年間、体育教師として生徒と接してきました。その後、思うところがあり、退職。いくつかの職を経て、最後は学習塾の塾長をしていたときに、寮責任者募集の広告を見て応募。四四歳で、妻と中一の長女を残しての単身赴任でした。

「教員を長くやっていて、その後、いろいろな仕事をしてきた姿をそばで見てきた妻に、『あなたは学校関係の仕事で、人生を締めくくりたいんじゃないの』と言われたんです。僕自身は、学校には絶対に戻らないと決めていたんですけど、妻のその一言で、もう一度やってみようと決心したんです」

ＫＬＡＳに着いたときの第一印象はどうだったのでしょう。

「まず初めに、何もないところだな、とんでもないところに来てしまったと思いましたが、住んでみると、まわりの風景は抜群だし、空気もおいしい。それに、体を動かすのが好きだったので歩いたり、プールで泳いだり、冬はスキーをずっとやっていますし、今年は初めて、スノーボードにも挑戦しました。

だけど、寮父の仕事の時間帯は、午後三時から夜中までで、先生たちと飲みに行ったりもできませんから、一人でいるしかないんですね、僕には家族もいませんから。となると、必然的に生徒が友だちみたいなもので、休みの日も、三食全部、僕はカフェテリアで生徒たちに交ぜてもらって食事をしてます」

米原さんは、持ち前の明るく豪快な性格もあって、どんどん生徒の中に入り込み、寮生活に溶け込んでいったようです。

そう言えば、伊藤先生がこの時期しか寮父をやめるときはないと思ったのは、この本にも登場する馬場圭斗君が、ちょうど寮長を務めていたからだそうです。

伊藤先生いわく、「その当時、どうすればいいのかを、ある程度分かってくれる生徒が、たくさんいたんです、それに、馬場たちの一級下の今の一二年生も素直で、すごく評判のいい学年だった。二学年がきちんとしていれば、米原さんが突然入ってきても、馬場たちが仕切ってくれれば、何とかなるだろうと思ったんです」とのこと。

そうなのです。寮は生徒自身が管理できれば、それが本当のあるべき姿なのかもしれません。その言葉を裏づけるように、米原さんは本当に、馬場君には助けられたと笑顔を見せます。

「去年の馬場という寮長がすごいヤツだったので、何でも相談しましたし、『これ、僕がやっておきます』と言われると、『ああ、やっといてくれ』と、何でもやってもらいましたね。もちろん、伊藤さんにも公私両面で相談に乗ってもらっていましたけど、忙しい方なので、そのときは、馬場との接点のほうが多かったですね。

とにかく、僕はイメージ通りの体育教師ですので、べらんめえ調で、言ってはいけないような言葉も平気で吐くようなやり方で、教員時代は過ごしてきました。そんな僕が、寮父になるんですから、おかしいですよね。

ここに来る前に、KLASの冊子に掲載されていた、伊藤さんが書いた文章もたくさん読んできました。うちの嫁なんか、それを読んで『この人はすごい』とベタぼめでしたね。伊藤さんは、教える立場にいる人間としてよけいなことを言わないんです。だから、文章もしつこくない。生徒たちを遠くから見守っているだけなんだけど、実は奥深く入っていっているというのかなあ。最終的には、俺がいるからだいじょうぶだというような、雰囲気を周囲に醸し出しているんです、それでいて、ふだんは全然ベタベタしない。

でも、僕は伊藤さんとは違うので同じやり方はできませんから、とにかく優しい寮父になろう、前の学校にいたときみたいに、怒ることはやめようと、心に決めたんです。だから、最初の保護者会のときに『今度の寮父さんは優しいと息子が言っておりました』と言われました。優しいなんて言われたのは、初めてのことですよ。本来、僕は短気だし、A型気質なので、だいたいが許せないことばかりなんです」

そんな米原さんも寮父生活二年を過ぎ、今は「天職だ」と言い切るほど、寮の責任者業務に情熱を傾けています。

「日本の寮だと、すぐに連想するのは『管理』ということです、ここには私立中学で寮生活をしていた生徒もいますけど、彼らに聞くとやっぱり時間を管理されていた、全然自由がなかったと言います。でも、ここは自由ですから、すごく楽しいと言います。

校舎とはつながってはいても、廊下を隔てただけで、自分たちの『家』になりますから、学校からの管理、強制は受けないぐらいの気持ちでやっていないと、寮父は務まりません。そのぶん、生徒たちには『俺はいつも、このデューティルームにいる』、そして、『ルールを乱さなければ、おまえたちは自由なんだし、俺は口を出さない』と言っています。

と同時に、『人に迷惑をかけるな、自分が損することはするな』と。『それが共同生活の基本なんだぞ』ということを、ふだんからかなり強く言っています」

まれなケースですが、と前置きをして、次のような例を話してくれました。それは、一〇年生二人に一二年生一人という部屋での出来事。

「長い間、一二年生が見えないところで、下級生へのイジメを繰り返していた。もう限界というので、一〇年生の一人が、僕のところへ訴えてきたわけです。上級生に『何で、そんなことをしたのか』と聞くと『教育です』と答える。彼は勉強もできたし、今まで何もトラブルを起こしていなかった。ましてや部屋の中のことですから、表面に出てきにくかったのですね。でも明らかに重大な違反行為ですから、当然、重い懲罰を受けました。

僕はみんなを集めて、こう言いました。

『暴力は決して教育ではない。そして、犯した行為の責任は、どんな理由があろうと、犯した人間自身が必ず取らなければならない。それが、自由と自己責任の根本的なルールだ。軽はずみな行動で損をするのは、君たち自身なんだよ』と。

生徒たちの部屋の中での小さな行動にまで、僕の目は届かないし、また、プライベートなことにまで首を突っ込む気はありません。もっと細かく注意して見ていてほしいと言う方もいらっしゃいますが、ここは軍隊ではありませんから、僕には、監視する気なんて少しも起きません。みんなには『ここは、君たちの家なんだから、みんなで住みやすいようにしろ。その代わり、ルールだけはきちんと守りなさい』と言い渡してあります」

二四時間体制も、何ら苦にならないという米原さんは、「彼らが無意識の中で、必ず僕がどこかにいると思っていてくれるような、そんな存在でありたい」と言います。

「本当に、ここの生徒はすごく優しいんですよ。この二年間、そんな彼らに僕はどれだけ助けられたか。今年の三月に一〇日間ほど、日本へ帰っていたんですけど、戻ってきたときにみんなが、『おかえりなさい』って言ってくれました。『ああ、俺の居場所があった。俺の存在価値も少しはあったんだな』と思って、とてもうれしかったですね」

優しさは、自分だけにではないと、米原さん。

「日本の学校で無視されていた、シカトされていた子が来るケースもあるのですが、そのような子も、ここならきちんと向き合ってもらえます。それがたとえ、注意や文句の言葉であっても、優しさから発せられているということが分かります。優しさの行為の対極が、たぶん、無視であると思いますから。

だから、僕はそのような子に言うんですよ。『みんなに、いろいろ言ってもらえることを、ありがたいと思わなきゃいけないよ。そして、君自身も、自分を主張したり、輪の中に自分から入っていくようにしたり、努力しなきゃいけないよ』と。

ここの生徒が優しいのは、たぶん、自分が優しくされた経験がたくさんあるからなんだと思います。やはり、自分が先輩たちから優しくされたことを受け継いで、それを後輩たちに繰り返していくんですね。みんな、寮、学校と、一日中一緒にいますから、『優しくなければ、ここでは生きてはいけない』ということが分かってくるのでしょう」

ＫＬＡＳの生徒たちは、親がそばにいるわけではないので、何でも自分で選択し、そして決断していかなければならない。だから、自然と根性もすわってきて、自立心も培われていくと米原さんは言います。そう言えば、インタビューに答えてくれた生徒たちも全員、きちんと自分で考え、自分の言葉で話してくれました。

「ここでは、何がいいか何が悪いか、何をすべきか何をしてはいけないかを、自分の頭で考えるしかないんです。自分の身の回りのことも、日々の学習も、全部自分で決め、自分でしなければならないのです。ですから当然、芯は強くなるし、はっきり自分の思いを口にするようになります。

これだけ自立心が強く、自己主張をする青年たちに育つと、逆に日本で、ほかの大学生たちと協調していけるかなと心配にもなります。それほど、ＫＬＡＳ独特の雰囲気が身についていきますから、まわりの日本の学生が退屈に見えるんじゃないか、おおげさではなく、それぐらいここでの三年間は、インパクトがあるんです」

最後に、米原さんに、これからの抱負をお聞きしました。

「何より優しいと言われる人間に育ってほしいです。まあ、僕が何もしなくても、この環境が生徒たちをそのように育ててくれると思いますので、僕の仕事はあくまでも、生徒たちを見守っていくサポート役ですね」

わが子の何が変わったか

KLASには、日本全国から生徒が集まっています。当然のことながら、保護者も全国に散らばっています。

ここでは、そんな保護者の方が、なぜKLASにわが子を入学させたのかという動機のほかに、そこでの生活で、お子さんがどのよう変わり、そして成長していったのか、卒業後の進路なども含めて、語っていただきました。

なかには、自分が果たせなかった留学の夢を子どもに託した方、日本の教育に飽きたらなかったという方、日本の学校に疑問や不満を抱えていられた方、また、子どもの希望を尊重したという方など、様々な考えをもって子どもたちを送り出しています。

私も、そんな保護者の方のお話をお聞きしながら、「なるほど、そういうふうに導けば良かったのか」とか、「そういう考え方もあるのだな」など、貴重なご意見やアドバイスを得ることができました。

そんな保護者の方がたに、子どもをスイス・レザンへ行かせたきっかけや意義、親子関係の変化や子どもの成長など、KLASの三年間を中心にお話ししていただきましょう。

庄司喬さんは、横河電機株式会社九州支社長や、関連会社の代表取締役社長を歴任され、現在は悠々自適の生活をされています。二人の姉を持つ末っ子の寛生さんはKLASの第一一期生。庄司さんにまず、お子さんを海外留学させた、そのきっかけをうかがいました。

「寛生には、一二歳と一〇歳上の姉がいますが、私が四四歳のときにやっとできた、待望の男の子だったので、ずいぶんとかわいがって育てましたし、少し期待しすぎた面もあったように思います。

中学二年ごろまでは、成績もまあまあの、ごく普通の中学生だったんですが、三年生になったころに、急速に勉学への意欲をなくしたと言いますか、すっかり目標を見失ってしまったんですね。とにかくガクンと成績が落ちたものですから、どうしてこんなことになったのか、と。今にして思えば、ちょっと目立つような発言をすると、あいつは生意気だと格好のターゲットになる。要するに、友だちとの人間関係がうまくいかなくなって、ヤル気が失せて、委縮してしまったんでしょうね。

一気に坂道を転げ落ちるような状態で、担任の先生からも『希望の高校にはとても入れない』と言われましてね。じゃ、思い切ってまったく違う環境に入れて、新天地で再出発させたほうがいいんじゃないかと、親も発想の転換をしたんです。

そんなとき、たまたま高校受験のガイダンスブックを見ていたら、いちばん最後のページにKLASが載っていたんです。最初は、『へえー、こんな学校もあるんだな』と。

ただ、もともと私が果たせなかった海外留学を、子どもに、できれば高校か大学でさせたい、少なくとも英語の習得ぐらいは、と考えていたものですから、ここはいいぞ、と思ったのがきっかけでした。

さっそくビデオを取り寄せて、妻と子どもと一緒に見ましたら、息子も、日本の学校とは全然違う世界があるということに気がついたんでしょうね、『俺、がんばってみる』というわけです。『もし、試験に落ちたらどうする』と聞いたら『もう一回トライする』と言うんですから、よほど気に入ったんですね。合格したときはすごく喜んでいました。

とにかく私は、ガイダンスブックに書かれていた、人間教育を重視したＫＬＡＳの教育理念が気に入ったんです。考え方が明確で、それを具体的に、こういう形で実現するんだというプログラムもきちんとできている。しかも、受け入れ態勢も万全で、まわりの環境も含めて、とても分かりやすく説明してありました。それに全寮制というのも魅力的でしたね。場所もスイスと、ほかの国々へのアクセスがいいですから、いろいろなトリップに参加できれば、息子にとっていい経験になるだろう、と。

言葉でも何でもそうですが、現地で学ぶことがいちばんだと思います。英語を習得するにも、日本で学ぶよりも、英語を使っている場所に行って、そこで文化や生活習慣と一体となって習得する、それが生きた英語を学ぶ最善の方法ではないでしょうか。

　スイスは四か国語を公用語とし、たくさんの国に囲まれていますから、語学教育はもちろんですが、無意識のうちに、グローバルな立ち振る舞いが、身につくようになると思ったんです。

　私は、入学する際に、息子に自信を持たせようと、『自分の心棒になる一芸に秀でていれば、どこへ行ってもだいじょうぶだ。ＫＬＡＳで英語をしっかり学んで、英語で秀でることができれば、人より多少、可能性が高い人間になれるぞ』と話しました。

　卒業式の翌日は、特に感動的でしたね。卒業生はみんな、大泣きしながら在校生と抱き合っている姿があちこちで見られました。そのとき私は、息子をこの学校に入れて、本当に良かったと思いました。

　息子は卒業後、いったんはカナダのトレント大学へ入学したんですが、そこで日本人としてのアイデンティティを問われたときに、十分でないことを思い知った、ということで、もう一度、日本の大学でしっかり学び直したいと言い出しまして、トレント大学を一年で終えて、慶應義塾大学総合政策学部へ入り直しました。

ＡＯ入試は、小論文を含む書類選考と面接試験で総合的に評価されるので、海外大学からの転校生にとっては、とても有利な制度でした。

その息子も、去年の春に商社マンとなりまして、今は仕事がおもしろくて仕方がないようです。中学三年のころのことを思えば、ものすごい変化で、これもすべて、ＫＬＡＳの三年間でのがんばりがあったからこそだと思っています」

「もし仮に、私がＫＬＡＳに入学していたら、自分が過ごした高校の三年間の、少なくとも三倍、いや五倍は濃縮したものが得られたはずだと、これはもう確信しますね。その後の私の人生の展開も、ずいぶんと違っていたんじゃないかと思います。本当に息子がうらやましいですよ。娘たちもうらやましがっていますよ、『寛生はいいな』って。

息子の人生のベースになるようなものを、しっかりと築いていただきましたし、彼はそれを使って、実に伸び伸びと、やりたいことをやっていますからね。本当にＫＬＡＳのおかげだと思います。。

今、息子は会社の寮に入っていますけど、海外なんて当たり前のように、それこそチョコっと行ってくるって感じで出かけています。私たちの世代とは、まったく違う感覚ですね。

それから、ＫＬＡＳの父母会というのがあるのですが、子どもたちが向こうでどうしているか、父母同士で情報交換をしたりするんですね。私は仕事が忙しくて、女房にまかせきりで、出席したのは最後の一年だけですが、一応規約があって、役員を決めたり、卒業生を呼んで話を聞いたり、お互いの子どものことを、親同士が相談し合うということも、月に一度ありました。

私は、父母会の会長もやりましたけど、やってみるとおもしろいんです。日本全国各地に、いわゆる名士と言いますか、その地方の風土に根ざした、いろいろなキャラクターの方がいて、とても刺激を受けます。子どもたちとは離れていてすぐに会うことはできませんので、どんなふうに今、過ごしているのかなど、伝え聞く情報を交換したりして、子どもを中心に、とても『まとまり』があるんですね。日本の普通の学校のＰＴＡとは、ちょっと違いますね。

ＫＬＡＳには、卒業した生徒の父母で作る『父母ＯＢ会』という組織もあります。その会合で、第一期生のお父さん、お母さんたちと一緒に食事をする機会があったのですが、彼らには『私たちが、ＫＬＡＳの父母会を、このように作ったんだ』という気概があるんです。創生期のころの苦労というのは、今はなかなか分かりにくいですけど、お話から当時の様子をうかがい知ることができました。

そんな創生期の方たちの苦労に報いるためにも、その後、世話になった私たち父母が、何とかＫＬＡＳを持続、発展させていくように、できることがあればなんでも協力していきたいという気持ちを、父母全員が持っています。

とにかく、この学校が永遠にあってほしいと、心からみんな願っているんです。別に、息子が出た学校だからというだけではなくて、日本のためにも貴重だと思います。

卒業生がどんどん社会に出て、しっかりとしたステータスを得て、社会の核を占めるような時代になってくれれば、ＫＬＡＳは本当に認知されるでしょうね。今はまだ、まさに世界に羽ばたこうとしている、その予備軍がすそ野を広げつつある段階ですが、卒業生を見ていると、その時代は遠からず来るのではないかと思います。

もし興味があるなら、保護者の方がたには、実際にレザンへ行って、自分の目で、学校のようすを見てくることをお勧めします。日本で想像している以上に素晴らしいと思うでしょうから、きっとお子さん方は、みんな、受験しちゃうんじゃないでしょうか」

保護者自身が行きたいと思う学校

二男二女のいちばん上で、長男の英一朗さんは第八期生。そして、末っ子の次女の洋子さんが第一四期生と、二人のＫＬＡＳの卒業生をお持ちで、ご自身もイギリスでの留学経験があり、大阪私立中学高等学校保護者会連合会の会長でもあった森範子さんは、ご結婚当初から、子どもたちが望めば、海外留学をさせたいという思いがあったと言います。

「長男は、私立の中高一貫の学校に通っていましたので、別に受験の心配はなかったのですけど、ＫＬＡＳのビデオを見たときに、息子より『私が行きたい』と思うような学校だったんです。それで、『行きたいね、スイス。スキーもできるね』と言ったら、息子も『そうだなあ』と興味を示したので、受験させることにしました。ただ、主人が医者なものですから、日本に帰ってきて、医学部を受けるということを条件につけました。

最初は、一度も親もとから離れたことのない息子でしたので、だいじょうぶかしらと心配していたんですけど、逆に親もとを離れるということが新鮮だったみたいで、一年を過ぎたころには、ずいぶんとたくましくなっていました。本人も、何だかすごくうれしそうな顔をしていたので、ああ、うまくいっているんだなあと、とても安心しました。

寮生活について言えば、日本全国から生徒さんがいらっしゃっているわけですから、育った環境も言葉だって、すごく違うと思うんです。仲良くやっていけるかしら、と思っていたんですけど、逆に、お互いに違いがあるからこそ、おもしろいみたいです。

息子たちのときは、今、社会科を教えている伊藤先生が寮父さんだったのですが、お若いのに、本当によくおやりになっているなというぐらい素晴らしい方で、うちの息子なんて大好きだったみたいですよ。特に用事がないときでも、とにかく毎日、寮父さんのお部屋を訪ねていって、いろいろなことを相談していたようですから。

それにKLASでは、模擬家族といって、学年を超えて、男女の先生が両親代わりになって一つのファミリーを作ってくださるんですよね。家族の誰かが誕生月だと、みんなでケーキを作ってお祝いをしたり、ハイキングへ行ったりして、その家族でのきずながができるんです。

そうやって、学校側が、いろんな縦、横の生徒たちのつながりに気を配ってくださっているので、生徒たちは、まるで兄弟みたいな感じで生活しているんですね。もちろん、兄弟ですからケンカもするでしょうけれど、それがまたいい経験になるようです。人への思いやりや気づかい、人との距離の取り方などを、身をもって経験するのですから。

息子は特に、模擬国連へ出られた先輩たちの話に強い影響を受けたようで、法学部へ行って、国際弁護士になりたいなど、とにかく世界を舞台にして、活動する仕事に就きたいというふうに、自分の夢をふくらませていったんです。先輩の中に、国際的な機関にお勤めになられた方もいるようで、おそらく、そんな先輩たちの姿を見て、すごく魅力的に感じたのでしょう。もし息子が日本で高校生活を送っていたなら、そういう夢の広がり方は、しなかったように思います。

しかも、サッカー、バレー、スキーと、けっこうスポーツも、がんばってやっていましたから、あるときなんて『今、パリにいるよ。サッカーの試合で来てるんだ』なんて、電話口でさらりと言うんですよ。

そう言えば、ちょうどお盆休みが取れたので、主人とレザンへ出かけたことがあるんです。ちょうどエクスチェンジで、カナダから子どもたちが来ていた時期と重なりまして、そこで出会った子たちからは、いまだにクリスマスカードが来ますし、親ごさんが『うちの子、結婚しました』というような報告もしてくれています。ＫＬＡＳに息子が入学したおかげで、私たち親の交際範囲も、ずいぶんと広がりました」

「二番目と三番目の子にも、ＫＬＡＳ受験を勧めてみたんですけど、さほど興味を示さなかったものですから、末の娘のときはもう、声もかけなかったんです、この子もきっと、留学する気はないだろうと思って。ところが、一一月ごろになって『私もスイスへ行きたかったなあ』なんて言い出したんですよ。もうびっくりしました。『だったら、なぜもっと早く言わなかったの』と、あわてて願書を取り寄せて、ギリギリで間に合いました。

長男は現在、奈良県立医科大学で、もう医師として独立する直前ですが、英語が得意ということで、先生方にずいぶんと重宝されたようです。学生時代から先生のかばん持ちで海外の学会に連れていっていただいたり、大学院生の先輩から論文の英語化を頼まれたりと、やはりＫＬＡＳで学んだことが、大学で役立っているようです。次女はＫＬＡＳでも吹いていたフルートが大好きで、将来、それを職業にしたいほど、今も夢中です。スイスの居心地は本当に良かったのでしょうね。ときどき、レザンに戻って、母校の先生になりたいわ、などと言っているくらいですから」

最後に森さんに、ＫＬＡＳの長所と感じている点について、お聞きしました。

「いい大学に入って、いい会社に就職するために受験をするという考え方が、日本にいると強いように感じますが、それは日本にいる以上、仕方のないことだと思います。でも、もう時代は変わってきています。やはり、英語が話せるということにプラス、人間的な成長を実現するためには、親もとから離すというタイミングが、どこかであってもいいのではないでしょうか。

どうしても一緒に暮らしていますと、過保護になったり、何でも先回りしてやってしまいがちです。それこそ、食べ物にも栄養不足にならないようにと、あれこれと親は子どもの世話を焼いてしまいます。

でも、留学させてしまうと、親子に距離ができますから、私たちも客観的に、そして冷静に子どものことを見られますし、子どもも、今まで親が愛情をかけてくれたことを認識して、親の期待に応えたいという気持ちが育つように思います。

子どもには、ああもしてやりたい、こうもしてやりたい、こういう道はどうだろうとか、親は口出しをし過ぎる傾向がありますが、スイスですから、ひんぱんには会うことはできないので、子どもは雑音に惑わされずに、三年という時間をかけて、自分で進む道をじっくり考えた上で決断できるのです。

うちの息子の場合は、親が目指してほしいところと、本人がなりたいものが最終的には一致しましたので、私もひと安心しましたが、でも、そこに至るまでは、息子なりにいろいろ迷ったようで、最終的には、自ら決断を下しましたから、親に勧められたから仕方なくといった考えがないようです。息子自身、『医者を目指して良かった』と言ってくれていますし、『自分に子どもができたら、スイスへ行かせたい』と、今から言ってるぐらいです。

KLASの保護者の方がたは、とても志が高いです。もちろん、費用的にも高いのですけど、それでもみなさん、何とか工面して子どもたちを送り出しています。

そして、私たち父母に共通しているのは、『この学校を本当に愛している』ということ。入学して、絶対に後悔はしないという確信が、二人の子どもを入学させた私にはありますので、おおぜいの方が受験の選択肢の一つに加えてくださるといいな、と思います」

夢を語り始める子どもたち

保護者の方のお話の最後は、お子さんが二人ともKLASで学んだ、現在、国士舘大学体育学部スポーツ医学科教授で、緊急時に必要に応じて電気的なショックを与えて、心臓を蘇生させることを目的に作られた医療機器AEDの日本の権威であられる田中秀治さんと、奥さまで公文式成城学園駅前教室の指導者の田中久美さんです。

田中ご夫妻の長女・美帆さんは第一七期生で、現在はカリフォルニアのメアリーマウント大学在学中。長男の翔大君は第一九期生で、一一年生に在学中です。二人のお子さんに共通するのは、中高一貫の私立校からKLASへ進学してきたこと。この傾向は、最近とても多くなってきているそうです。

せっかく日本の厳しい中学受験を突破して入学したのに、なぜKLASに再度、挑戦させたのでしょう。

「私は公文式の指導者ですので、教室にはもちろん、KLASの資料もありますし、中学生を対象とした、スイスサマースクールが実施されていることも周知のことです。ですから、娘が中二のときに、『こういう学校があるわよ』と、ＫＬＡＳのパンフレットを見せたことはありますが、私たち夫婦が子どもたちに強く勧めたわけではありません。あくまでも、本人たちが決めたことです。

娘は、通っていた学校が楽しくて、夏は水泳部、冬はスキーと、充実した毎日を過ごしていました。まわりからは『スカートをはいた、男子校みたい』と言われるような学校でしたから、体育会系の娘は、とても気に入っていたんです。だから、私たちは高校までは、そのままその学校で学んで、留学するにしても、大学からじゃないかと思っていました。

中高一貫校ではありますが、中三のときに、このまま高校へ上がるかどうかを尋ねられるんです。娘の中には前から、選択肢の一つとして、ＫＬＡＳがあったのかもしれませんが、決定的な要因は、たぶん英語力だったのではないでしょうか。

このまま高校へ行くと、クラブ活動は忙しいし、学習も思うように進まないだろう。ここで環境を変えないと、自分はこのまま変われないんじゃないかと、本人は思ったようで、『スイスに行きたい』と言い出したんです。

とは言っても、試験を受けなければなりません。受験日が近づくにつれ、電車の車内吊りに、ＫＬＡＳの広告が出たりするわけですけど、今となっては笑い話ですが、それを見た娘が『あんまり宣伝しないでほしい。私が行けなくなっちゃうから』と心配するぐらい、すっかり心はスイスへと飛んでいっていましたね。

私は指導者ですから、公文式には絶対の信頼を置いています。公文がバックであれば、学習面のフォローには問題はないという、確信がありましたので、娘を送り出すことに、何のためらいもありませんでした」

秋に開催される保護者ツアーで、実際にレザンに行って現地を確かめたそうですが、想像していた以上にいい学校だということが分かり、一緒に行った保護者は全員安心したと言います。

息子さんに関しては特に、大学からではなく、中学か高校のいずれかから、外へ出したいという考えを持っていたそうで、国内のボーディングスクールもずいぶん探したそうです。でも、きわめて選択肢が少なく、お姉さん同様、夏は野球部、冬はスキーと、スポーツに励んでいた息子さんが選んだのは、競技スキーが強かった、中高一貫の全寮制の学校でした。

もともと「ＫＬＡＳに行く気はない」と、きっぱり宣言していた息子さんがなぜ急に、ＫＬＡＳに行きたいと言い出したのでしょう。田中さんは次のようにおっしゃいます。

「息子はスキーで、中学の全国大会にも行っていますし、当時の同級生が高校総体で一位になるぐらいのスポーツの強い学校でしたが、三学期はやはり、スキーばっかりやっていますので、成績がガクンと落ちるんです。特に社会科などが苦手で、授業を受けても『何を言っているのか、分からなかった』と言うんですよ。

昔は、甲子園にも出場したことのある学校ですから、息子も高校に入ったら野球部に入り、甲子園を目指したいと思っていたようですが、進学コースでは、部活を基本的には認めておらず、勉強一筋のつめ込み教育になるわけです。医者の子どもが多いのも特徴で、なにせ医学部には五〇名ほどが受かりますから。

でも、自分は医者になるつもりもないし、野球をすることができない。スキーにあまりのめり込むと成績は下がる。でも、勉強、勉強では息苦しい。このまま学校にいても、と息子なりに悩んだようです。

中三の夏休みに、行きたい大学の写真を撮ってくるという宿題が出たことがあり、それが契機となって、将来的なことを、何か決めなければならないんだという思いを、息子なりに抱いたのでしょうね。特に、英語が苦手で大嫌いということもあったので、それも何とかしなくてはいけないと考えたのでしょう。思い悩んだ結果、本当に唐突に『スイスへ行くことを、考えてもいいですか』と言ってきたのです。

長女が行っていますから、ＫＬＡＳはいい学校だということは知っていますが、二人分の学費を用意するのは、なかなかたいへんなことです。だから『奨学金を目指せ』と息子には言いましたが、結論から言うと、僕がもう少し仕事を増やして、何とか息子の学費もねん出する、ということで落ち着きました」

奥さまがそれを受けて、

「セレブ対象のボーディングスクールのように、ＫＬＡＳは、お金持ちの子ばかりが行く学校ではないので、保護者の方の職業は実に様々です。学費の調達法もいろいろで、おじいちゃまやおばあちゃまにも、お手伝いいただいていると話す方もいらっしゃいました。

私たちも学費の工面はたいへんだなと思いましたけれど、今まで自分自身で、あまり物事を決めたことがなかったと言いますか、何でもやる前から『無理』と言うタイプの息子が、よく決心したなと感心させられたこともあって、じゃ、行かせてみようかと、夫婦で覚悟を決めました」

ＫＬＡＳの長所とは、どんなところでしょうか。

「僕自身は、高校時代には携帯が通じない、テレビも満足に見られない、という環境に、お金を払ってでも子どもを行かせる価値があると思っているんです。そのぶん、そのエネルギーがほかのことに向けられますから。たとえば、友だちと一緒に何かをやったり、スポーツに注いだりとかですね。

また、いきなりその土地の現地校に入学すると、英語などの現地で使う言葉は習得できるでしょうが、こんどは日本語がおろそかになりますから、日本に戻ってくると、日本語でのコミュニケーションがうまくとれなくなったり、日本の大学での授業についていけなくなる可能性もあるわけです。しかしＫＬＡＳは、日本語も英語も、その両方がうまく使えるように指導していますよね。海外の大学に行っても、日本の大学に進んでも十分に対応できるように、学習システムを、よく考えて作っているなあと感心しています」

保護者の方たちの共通した意見として、ＫＬＡＳに行ったことで、英語だけではなく、日本語の力が伸びたと、みなさんがおっしゃるそうです。英語でレポートを書く機会が多く、英語は、起承転結がはっきりとした文章力が求められますので、その思考が日本語の文章力にも波及しているようです。

「学費のことをいろいろと言いましたが、実は、息子がＫＬＡＳへ行きたいと言ったとき、私は、内心ではとてもうれしかったんです。

というのも、進学校へ行っていると、理系が得意だから理系を選び、成績がいいから、じゃあ医学部を受けようか、というふうに、自分は何になりたいかという、人生でいちばん大切なことをあまり深く考えずに、将来の方向性を決めてしまいがちなんですよね。

ただ、中学生や高校生に、将来に結びつくことを、もっと深く考えなさいと言っても、アルバイトをしているわけでも、父親の仕事を見ているわけでもないですから、ぼんやりとした職業観しか浮かんでこないはずです。と言いますか、大学に入ってから決めればいいや、という子も多いですよね。

でも息子は、ＫＬＡＳを受けると決めた時点から、積極的に自分の夢を語るようになりました。スイスに行ったらスキーも英語もがんばりたい、と。特に勉強に関しては、私たちが『やりなさい』と言えば言うほど、イヤイヤやっているという感じが顕著になっていったのですが、それが自主的にやるようになりました。たぶん、自分で決めたことは自分で責任を取るという姿勢が、少しずつ身についていったのだと思います。

娘には、もうぴったりの学校でしたね。性格的にも合っていたし、寮母さんにも、とてもあたたかく見守っていただけたので、本当に良かったと思います。娘自身、『ここの子たちは、すごく個性的で強いから驚いた』と言うぐらいで、やっぱり気持ちが強くなければ、スイスでは生きていけない。なにせ、親を説き伏せて来ている子どもたちが多いですから」

「KLASは、自分で考えて自分で決断する、ということを身につけてくれる学校です。それが実現できる要件は、先生たちが注意深く、生徒一人ひとりを見つめていること以外にはありません。いろいろな授業を見学させてもらいましたが、基本的に少数精鋭で、なかには六、七人での授業もありました。

たとえば、英語で教える、フランス語の授業の生徒は一〇数人でしたけれど、先生は生徒一人ひとりの英語力とフランス語力をしっかりと把握しながら、授

毎年2月、地元レザンの人々を迎えて、日本の伝統芸術や民族文化を伝える文化祭［オープンハウス］

業を進めていました。生徒の数が少ないからできることであって、ものすごく濃密な内容の教育をしてくれていて、だからこそ、その評価も適切なのだと思います。費用対効果としては十分に見合っていて、学費は決して高くないのかもしれません

個の独立ということを、もっとも大切にしていますが、そのために集団生活の規律を非常に重視しています。ですから、他人への暴力などに対しては、徹底的な罰が科せられます。日本の学校のように、今回は大目に見ようということはなく、ルールを守らず、もっとも重大な過失があれば、ゴーバック、つまり強制的に帰国させられることもあります。だから、親としては怖いですよ、夜中にファックスなんかが届くと（笑）」

『父母ＯＢ会』のほかに、お父さんたちだけで作っている『親父の会』というのもあるそうで、子どもたちを軸に、父母たちが新しい関係を築いているとか。

「子どもたちのおかげで、親たちもエンジョイできますから。娘の同級生のママたちからは、『いいわね、息子さんが入学して、まだあと二年、楽しめるのだから』とうらやましがられます。私たちの金銭的な苦しみなんかも知らずに」

と、奥さまは、笑いながら話してくれます。田中さんは、最後に、ＫＬＡＳに関

するエピソードの一つとして、次のことを教えてくれました。
「僕は一昨年、一二年生対象に、自分の専門分野の講義をさせてもらったんです。医学部に進学する子が何人かいると聞いたので、医療系はこんなにおもしろいんだよ、と、あえて大学でやるような内容を、少しかみ砕いて話したんですが、日本の子どもたちと比べると、全然、目の輝きが違うんですよ。何にでもすごく食いついてくるんですよね。ああ、この子たちは実にいい目をしているなあ、と心底思いましたね」

保護者の方がたのお話は、いかがでしたでしょうか。とにかく、みなさんがおっしゃっていたのは、「親離れ、子離れができた」ということ。親にとって、子どもを自立させるのは大きな責任ですが、今は社会人になっても、親に依存している子どもが少なくありません。また、親のほうも何かと子どもにまとわりつき、友だち感覚の親子でいようというケースも少なからず見られます。でも、そんなことを続けていたら、いつまでたっても、自立した大人同士のつき合いはできません。そのような自立が、高校時代にできていくのですから、親としては願ってもないことではないでしょうか。

KLAS卒業生が母校の教師に

親子が何代にもわたって同じ学校で学んでいたり、兄、姉、弟、妹、いとこ、親戚こぞって通っている学校というのは、いい学校のバロメーターだと、私は思います。当然ながら、本人が、あるいは親が子どもを入れて、学校に対してイヤだなという印象があれば、絶対に身内には勧めないと思うからです。

実際に、私自身、長男と同じてつを踏ませまいと、長女は中高一貫の女子校に入学させましたが、もし、妹がいればその子も同じ学校へ入れたいと思いますし、事あるごとに、娘の学校のいいところを宣伝してしまうぐらい気に入っています。娘なども、女の子ができたら、絶対に自分の学校へ入れたいと、今から言っているぐらいですから。

このKLASもその典型で、兄弟、姉妹で来ている子がたくさんいます。また、みんな母校愛が強く、卒業生など一般企業に就職したにもかかわらず、将来的に可能であるならば、母校で教師の職に就きたい、という思いもあるらしく、教員免許を取得しているケースも少なくありません。さらには、自分に子どもができたら、母校にぜひ入学させたいという卒業生の多さには、圧倒されるぐらいです。

そんな母校愛の強い卒業生から初めて、ＫＬＡＳの教師となって赴任してきた、第五期生の高橋尚未先生の話を、ここで紹介しましょう。ＫＬＡＳを卒業後、山口大学教育学部に入学され、日本で教師として勤めた後、昨年の七月からＫＬＡＳで世界史と現代社会を教えています。

三人姉妹の長女として、福岡県で生まれ育った高橋先生ですが、まず最初に、ご自身がＫＬＡＳを受験しようと思った動機からお聞きしました。

「小学生のころから公文式の教室に通っていて、中学生のときには、横浜市にある公文国際学園のことが、教室の先生からいただく冊子によく載っていたので、そちらのほうに魅力を感じていたんです。でも、中高一貫校だから、高校からは入れないということで、やはり地元の高校へ行くしかないな、と思っていたところ、実はスイスに高校があるということを知ったんです。

ただ、私自身、海外の学校へ行くなどということを考えたこともなかったので、すごく悩みました。それに、英語が苦手なほうで、中学の担任の先生からも、英語を何とかしないと高校入試は乗り切れないと言われていたぐらいなんです。そんな私が海外で、しかも英語づけの生活ができるだろうかと不安はあったのですが、もともと好奇心旺盛な性格なので、ここはひとつ挑戦してみよう、と考えました。

母は、好きなことをやればいいという考え方でしたし、高校か大学からは、自立して生活しなさいという方針でしたから、二人の妹にも、大学が通える距離でも、必ず一人暮らしをさせると言っていたぐらいでしたので、娘を手放すということには、ためらいはなかったようです。

ただ、私の下に二人の妹が控えているので、私だけにお金はかけられないと、最初は反対されました。でも、両親を何とか説得して了承を得たのですが、いざ私がスイスへ行くと決まったら、『あれだけ反対していたのに、どうしたの？』というぐらい、スイスについて調べたり、スイス関連のテレビ放送があったら、真っ先に見るようになりました。

入学当初は、やはり英語がたいへんでした。何を言っているのか分からないので、辞書を片手にという感じでしたけど、だんだん単語を覚えて、耳にも慣れてきて、学校生活をエンジョイすることができるようになりました。

英語が話せるようになったことは、やはりものすごく良かったですね。使うことによって、ネイティブの先生とも通じ合う喜びを知りましたし、海外旅行をしたときも、英語ができることの便利さを実感したんです。本当に英語が分かると楽しくなるんですよね。中学時代の英語は、文法中心でおもしろくないし、途中で分からなくなると全然ついていけなくて、さらに嫌いになっていったんだと思います。

私は、子どもが好きでしたので初めから教師志望でしたが、母校ＫＬＡＳの教師になりたいと思ったのは卒業するころ。この環境でもっと生活を送りたい、三年間程度ではものたりないと思い始めたからです。高校時代は、あまり目的意識もなく過ごしてしまったので、卒業するときになって、あれもしておけば良かった、これもしておけば良かったと、いろいろな思いがわいてきたのです。

ですから、大学在学中に校長先生にお手紙で、社会科の教師の空きはないかを問い合わせたんです。でも、もともと教員数は少ないし、今のところ空きはないけれど、教員としてのスキルだけは高めておくようにという、アドバイスをいただきました。

結局、中学・高校の社会科の教員というのは、地元の福岡県でせいぜい五名ぐらいしか採用されないので、倍率は五〇倍以上の狭き門で、大学を卒業した年はダメでした。それで、採用試験の勉強と併用してできる仕事ということで、公文式の教室で一年間、助手としてお手伝いをさせていただきまして、翌年の四月からは、自宅のすぐそばの私立高校で一年間、非常勤講師を勤めました。

その間もＫＬＡＳのホームページで、教員募集はないかといつもチェックをしていたのですが、そう空きがあるものではないので、こんどは、博多にあるサポート校で、約五年間勤めました。そこは、通信制高校に通っている生徒たちが来て勉強するところで、大学検定受験の公認予備校でもありましたから、大学受験の指導もしました。最初は非常勤講師からでしたけど、契約の教諭になって、最後は正教諭として採用されました。

そんなとき、ＫＬＡＳの日本事務局から電話があって、私が七年前に渡邉先生宛てに出した手紙がきちんと保管されていたようで、社会科の教員に空きができたので、まだ気持ちが変わっていないのなら、やってみないかと言われたんです。ずいぶんと年数もたっていましたし、サポート校もやりがいがありましたから、電話をいただいたときは悩みましたけど、こんなチャンスは二度と来ないかもしれないと思いまして、面接を受けることにしたんです」

いざ、採用されてスイスに赴任され、ご自分が学生のころと今とでは、ずいぶんと変わっていたところもあったのではないでしょうか。

「カフェテリアの食事がすごく充実していて、今の生徒たちは幸せだなあと思います。昔は、メニューも限られていましたし、一週間同じようなローテーションでしたけど、今は毎日違うメニューなんですね。しかも、サラダバーもあって、デザートもすごく豊富で、とてもおいしいんですよ。

変わっていないのは、私が生徒のときに習った先生たち。たとえば在田先生とか中島先生、それから、渡邉校長や寮父さんだった伊藤先生、寮母さんの横田先生。みなさん、まったく変わっていないというのが第一印象でした。私にも高校時代と変わりなく、普通に接してくださったので、すぐに溶け込めることができてうれしかったです」

日本での教師時代を踏まえて、生徒たちに「違い」を感じることはありますか。

「昔もそうでしたけど、日本の高校生と比べて、ここの生徒たちは、積極的にいろんなことにかかわっていきます。ですから社会に出たときに、その違いが出てくると思います。

ここで三年間過ごせば、ほぼ自立した生活ができるようになりますし、だからこそ生徒たちには、ここでの三年間の生活を大切にしてほしいと思います。いろいろなチャンスがたくさんありますから、それを有効に使って、悔いが残らないように高校生活を過ごしてほしいんです。

私が担任として生徒と面談するときは、『ここで何をしたいのか』を尋ねるんですけど、『あまりないです』とか、『チャンスがあるのは分かっているけど、定員が決まっているから』とあきらめてしまっていたりする子も中にはいるんです。そんな声を聞いたときは、『いや、そうじゃないよ。最初からあきらめて、チャンスを生かさないでどうするの。後で後悔するよ』といった話をします。授業中にもよく、『どんなことにでも貪欲に、チャレンジしていってほしい』と、口をすっぱくして言っています。

生徒に望むことですか？　せっかくヨーロッパの真ん中にいるのですから、実際にいろいろな国へ行って、そこの文化などを学んでほしい。世界史を教えている仕事柄、教科書に書かれていることを、実際に見聞して体験して、その収穫を日本に持ち帰って生かしてほしいと思います。おおげさに聞こえるかもしれませんが、外国も日本も両方の文化を理解しているというのを武器に、社会人として、幅広い分野でおおいに活躍してくれることを願っています」

中学生のお子さんをお持ちの保護者の方たちへ、何かメッセージはありますか。

「ここでの三年間は、人生の中でもとても貴重な三年間ですので、ぜひお子さまたちに体験させてあげてほしいと思います。英語を習得するだけではなく、寮生活を通してコミュニケーション能力が養われますし、本当にいろいろなことが体験できますから。

私が今、あの三年間を振り返ってみると、とても濃い充実した日々だったと思います。もちろん、人間関係で多少もめたこともありますけれど、その程度のことは当たり前で、卒業してしばらくは、二四時間友だちがそばにいないということに、すごく違和感があったくらい。『友だちシック』とでも言うのでしょうか、それはＫＬＡＳの卒業生なら、誰もが感じることではないでしょうか。だから、卒業後もひんぱんに仲間に会ったりするんです。それもこの学校の大きな特徴だと思います。これも卒業してから気づくことなんですけれど」

高橋先生は、卒業式に出席してくれた両親とともに、三人でパリを経由して帰国したそうですが、旅行の手配などをテキパキとする娘に、ご両親とも驚くとともに、その成長ぶりに目を細めておられたそうです。そして最後に、ＫＬＡＳに行くことを認めてくれて、背中を押してくれた両親に、とても感謝をしていますと、にこやかな笑顔を見せて、話を締めくくってくれました。

わが子をKLASに入れたい

ＫＬＡＳの教師たちは、みなさん経歴もユニークで、とても個性的です。授業はもちろん、様々な課外活動にも熱心で、積極的に生徒たちとかかわっています。ときには、まるで自分の子どものように見守ってくれています。

数学の水野亮太先生は、まだ三〇歳とお若く、生徒たちからは、お兄さんのような存在として慕われています。学生時代から、ご自分の数学の知識を発展途上の国々で役立てることを願い、海外青年協力隊の一員として、アフリカのケニアに赴任し、数学を教えていたという人生経験豊かな先生です。

三年前にＫＬＡＳの数学教師として、レザンにやってきましたが、当初は生徒たちにどのようにアプローチをはかったらよいのか、評判の良かった前任者との違いを、どのように表したらよいのか、とてもプレッシャーを感じていたそうです。

「前任の方は、ダブルダッチのクラブを作った先生で、スポーツができて、授業の進め方もじょうずで、厳しい反面、非常に生徒に人気のあった先生でした。その彼の後任ですから、とても注目されていた気がしましたね。生徒たちは、どうしても前の先生との比較をしますから、初めは少し悩みましたが、そのうちに、自分は自分、前任者は前任者と割り切り、前の先生の良いところを踏襲しながら、少しずつ生徒が求めているものに近づけていこうと思いました。

ここの生徒の第一印象は、いい意味でも悪い意味でも育ちがいいな、と。一人っ子も多いですから、かわいがられて育てられてきたのでしょうね。要するに、他人と共存していくというすべを、あまり知らずに育ってきたという、一言で言えば、世間知らずということでしょうか。

ですから、入学したときは『ありがとう』とか『ごめんなさい』という言葉を、じょうずに使えないのですが、それが卒業する時点では、当たり前に言えるようになり、それが心からわき出ているように思えるんです。やはり、ここの環境が人を成長させるのですね。僕がいちばん感じているのは、入学したときと卒業するときの『人間力』の違いですね。

みなさん言われることでしょうが、ここではいろんな子と一緒に生活していかなければいけないし、多くの行事もこなしていかなければならない。その一つひとつを生徒たちは、プレッシャーを感じながら乗り越えていこうとします。その過程では様々な確執もあるでしょうし、自分の自我も抑えなければならない。特に女の子には顕著ですが、もめ事一つひとつを、自分たちなりにクリアしていくわけで、その中から協調ということを学んでいくんだと思います。

最上級生の一二年生になると、後輩も育てなきゃいけないという意志も芽生えてきて、人とじょうずに共存できるようになり、それらが自信となって卒業していくんです。それは人間として生きていく上で、とても大事なことだと僕は思います。

授業に関して言えば、説明をした後、問題を具体的に考えるようなときは、なるべくクラス全体で考えさせるようにしています。というのも、説明を聞いても頭に入ってこない子も中にはいますから、クラス全体で考えることで、もう一度定理や公式の意味を生徒一人ひとりが考え直すことができるからです。

それと、ぼくがケニアで過ごしたときの体験談を交えながら、授業を進めています。たとえば、向こうでは、一日何リットルの水が使えるのかなどと、織り交ぜながら計算させたりしますと、数学の力だけではなく、いかに水が大切なのかも分かるんです。

手前みそになってしまいますけれど、高校受験生を抱えていらっしゃる保護者の方には、ＫＬＡＳへの入学をぜひお勧めしたい。志さえあれば、確実に『人間力』

がつくからです。寮父母を含めわれわれ教員が、生活面にしろ学習面にしろ、しっかりとしたサービスをしているからです。特に、もう少ししっかり勉強してみたいとか、何か自分を変えたい、新しい体験をしたいという子には、すごくいい学校だと思います。

今のところ、ここでずっと教員を続けられればいいなと思っています。日本からこの遠いスイスまではるばるやってきた生徒たち、その中でも新入生で入ってきた生徒たちの面倒を見ると、この子たちが卒業するまで見届けたい、見ていたいと思ってしまうんです。どうしても情が移ってしまうんですよね」

カフェテリアで、何組ものファカルティ・ファミリーが、お誕生会を開いているところに遭遇しました。そのとき、会が終わった後も、水野先生が一人の男子生徒と熱心に話し込んでいるのを目にしました。あとでお聞きすると、JICA（独立行政法人国際協力機構）についてその生徒から尋ねられたので、自分の体験談を交えながら説明をしていたとのこと。分からないことがあれば、何でも気軽に聞ける、そんな雰囲気がKLASにはあります。ですから、校内を歩いていると、そこかしこで、先生と生徒が話している姿を見かけます。本当にコミュニティでありファミリーなんですよね。

さて、国語を担当している岩淵重之先生は、神奈川県の公立高校で六年間教壇に立ったあと、横浜市にある公文国際学園の男子寮のスタッフとして勤務されていました。KLASへは転勤で二〇〇〇年に来られたので、スイス暮らしも今年で一〇年になります。まず、KLAS生の第一印象からうかがいましょう。

「僕も新入生たちと同じく七月に赴任しましたから、新入生のために開かれた、渡航前の三泊四日の研修会から参加しました。研修会の最後の夜に、KLASを卒業した三人の大学生(男二人、女一人)が、渡航する前の不安でいっぱいの一五歳の子どもたち六〇人を前に、どんな質問にも本当に堂々と胸を張って答えているんです。

自分が大学生のときに、こういう態度で中学生に接することができたかというと自信がない、というぐらい彼らの持っている雰囲気が、日本の一般的な大学生とは全然違うんです、もう輝いて見えましたからね。この子たちはスゲエや、ものすごい経験をしてきているんだろうな、というのが、KLAS生に対しての第一印象でした。

というのも、僕は寮のスタッフを長くやっていたんですけど、それこそ東大生から早大生、慶大生、東工大生と、日本の一流大学の学生をアルバイトとして雇っていましたから、今どきの大学生とは結構つき合いがあるんです。でも、ＫＬＡＳ生は、ものを語るときも立ち振る舞いも、何もかも圧倒的に魅力的だし、明らかに違うんですよ。だから『何だ、こいつらは。この大人さ加減は何なんだ！』と驚きましたよねえ。

赴任して一、二年は、自分の仕事をこなすだけで精いっぱいでしたけど、三年目にもなると、だいたい分かってくるんですよ。僕と一緒に入学してきた子たちが卒業を迎えるときまでを、しっかり見させてもらいましたから、ああ、こうやって人間というのは成長していくんだな、ということがはっきりと分かったんです。

とにかく、今の日本の子どもたちに欠けていると僕が思っているのは、人との接触の回数ですね。昔も今も子どもを大事に育てるということでは、親の気持ちは変わらないかもしれませんが、『かわいい子には旅をさせろ』で、たまには離れてみることです。

ここの生徒を見ていると、お互いに切磋琢磨して、磨き合ったり励まし合ったり、ときには抱き合って、涙をこぼしたりしているわけです。もちろん、摩擦も生まれますから、傷ついたりもします。でも、そこからどうやって修復していくのか。ここでは好むと好まざるにかかわらず何とかして、克服していくんですよね。

日本では個室を与えられ、好きなときに携帯で友だちと話をしたりCDを聴いたりという、それは表面的には豊かな暮らしと言えるかもしれませんが、そうではない価値観、むしろ若いころに獲得すべき価値観が、ここでは好ましい形で、生徒たちに与えられているんです。

授業に対する姿勢にしても、日本の生徒とは全然違います。学校に対する関心の高さという点でも、ほかの高校とはちょっと違うように思います。僕らは、かなり厳しく生徒たちを指導していきますから、筋の通らないことはもちろん、『いけないと言ったときは、絶対にいけないんだ』というように、徹底的に指導していきます。厳しく大人たちが接しているということは、大人側も自分を律する態度を持ってないといけません。

少人数で授業をやっていると、いい加減なことをすると、バンバン突っ込みが入るんです。赴任した当初は、少し曖昧な言い方をしてごまかせるかな、というときもあったんですが、そういう中途半端な授業をやると、『先生、ここは、どういうふうに整合性をつけるんですか』とか、しっかり聞いてくるんです。

最初はびっくりしましたけど、これは生半可な授業はできないぞ、と最初の一週間で感じさせられました。彼らの心の中には、『俺たちは厳しい環境の中で、一生懸命、自分を磨くためにやってるんだ。先生も頼むよ。本気でやってくれないと困るよ』って思いがあるんでしょう。生徒からずいぶんと勉強させられましたから、どんな質問をされても答えられるように準備もしましたし、たとえば、漢字なんかは書き順にしても、字画の一画、一画を全部調べてから授業に臨みました。

生徒たちは、洗濯も掃除も自分でやりますし、ちょっとお腹がすいたときは、自分で作って食べています。カフェテリアでの食事は充実していますが、でも意図的に豪華な日本食を出すことはしてないんですね。だから、二か月もたつと分かるんですよ。毎朝湯気の立ったみそ汁が出て、炊きたてのご飯を食べていた自分は何てぜいたくだったのか、おふくろの味は何てすごいんだ、と。そんなことを感じている日本の高校生なんて、ほとんどいないでしょう。そんな当たり前だと思っていたことのすごさに気づけただけでも、大きいと僕は思います。

親の愛情に気がつくのは、僕ら大人でもずいぶんと大きくなってからで、自分が親になってからじゃないですか。それを高校時代という、この年齢で実感してしまう。まあ、親もとを離れることには是非はあるでしょうが、仮に留学という形を取るのであれば、うちの学校は、一つの理想形を示していると思います。日本では、こういう環境を作るのは、とても難しいことではないでしょうか」

ボーディングスクールではよく、生徒の名前が貼り出されたり、メダルを授与したりと、優れたことをした生徒をたたえるのですが、KLASでもスポーツや文化活動など、いろいろな分野で顕著な成果を収めた生徒が表彰されます。

なかでも成績優秀者として、毎年首席と二番目の生徒は、ホールのプレートに名前が刻まれます。そのほかにも名が刻まれる生徒がいます。それは三年間でもっとも成長した生徒です。これは、先生たちの投票で決まります。

「僕が赴任して、最初の年の生徒だったから印象が強いのかもしれませんが、彼は最初、『こんなクソみたいな学校、やめてやる』と平気で悪たれをつくような、非常にとんがっている生徒でした。そんな態度ですから、いろいろ罰も受けるわけですよ、素行が悪くて、確か喫煙で謹慎もさせられたと思います。

一〇年生のときが特に荒れていて、とんがっている連中何人かで、よくつるんでいました。僕は、彼は無事に卒業できるかな、ひょっとしたら途中でやめてしまうんじゃないかなと、日々、そう思っていたものです。

彼にも転機が訪れて、その夏に、かわいがってくれたおばあちゃんが亡くなったり、憧れていた二歳年上の先輩に振られてしまったり、世の中は、そんなに甘くはないぞということが分かってきたんでしょうね。

美男子でしたから、一年生のときに同級生の彼女ができまして、その彼女が優しく彼を包んでくれていましたから、そんな一生懸命さが彼にも伝わったんでしょう。二年生の途中から、目つきが変わってきたんです。目の色を変えて勉強をし始めたり、母親にありがとうなんて言ったことがなかったのに、素直に言えるようになったり、僕らに対しても『先生、ご苦労さまです』なんて、言うようになったので、みんな、こいつ、いったいどうしたんだ、って感じでしたけど。

僕ら教師は、それでも徐々に変わっていく彼の姿を見てましたからね。でも、親ごさんは、本当にびっくりしたと思いますよ。何か魔法でもかけられたんじゃないか、というぐらいの思いを持ったのじゃないですか。もともと真っ直ぐな性格の子で、真っ直ぐなゆえに周囲が許せず、とんがっていたと今となってみれば、そう思います。

彼は本当に見違えるように成長して、卒業後は一流私大に進学しました。彼の名前がいちばん成長した生徒として、プレートに刻まれていますから、ぜひ見ていってください」

ＫＬＡＳでは、教師との関係も深いのですが、生徒同士のつながり、特に先輩と後輩の距離がとても近いのです。ですから、あんな先輩になりたいという、人生のモデルが身近に見つかるのも。生徒たちのヤル気を引き出しているようです。

「今の日本社会に欠けているのは、そういったモデルですね。でも、大人たちがいいモデルを示せていない、父母たちも示せていないのが現状かもしれません。僕らは、そんなモデルになれるような大人でありたいと思っています。だけど、僕ら大人よりも、どんな言葉よりも何百倍の影響力を持っているのが、同級生と先輩たちですね。

ですから、保護者の方に、うちの学校でいちばん何を見ていただきたいかと言いますと、やはり卒業していった生徒たちですね。それは、僕が最初に会った卒業生たちに衝撃を受けたことに象徴されるように、生徒を見れば、ここの学校の素晴らしさがすぐに分かります。こんなふうに育っていくのか、ということが分かれば、多少学費は高くとも、入学させる価値があると感じられるはずです。実際、僕には一〇歳と八歳の娘がいますが、ぜひともＫＬＡＳに入れたいと思っています」

公文式学習を続ける意味

ＫＬＡＳは、「一人ひとりの能力を最大限に伸ばし、地球全体の調和と共生を目指して行動する人材を育成することにより、地球社会に貢献する」という教育理念の下、一九九〇年五月に開校されました。その理念の底流には、公文式の創始者であり、ＫＬＡＳ設立の提唱者である公文公さんの「きわめて特徴のある学校、日本のため、世界平和のために役に立つ人間を多く育てる学校を作りたい」という熱い思いがあります。

公文さんはその年の一〇月の記念式典に出席し、「日本人のための国際教育」を推し進めるために、スイス・レザンに設立したと述べられていますが、ＫＬＡＳの国際教育、英語教育という方針を支えているのが、生徒一人ひとりの人間的な成長であるはずと強調しています。その成長に大きく寄与しているのが、ほぼ全員が三年間続ける公文式学習です。

公文式指導と、日本の大学への進路指導の責任者である宮本啓示先生は、次のように話されます。

「成績の振るわない生徒の中には、自分の能力に見切りをつけ、自分に自信を持てないお子さんがいます。しかし、私はそのような生徒にこそ、自分の能力はまだまだ開発されるべきもので、決して捨てたものではないということに気づいてほしい。それに気づいた生徒は大きな自己変革を遂げて、強い意志さえ持てれば、不可能と思っていたことも可能になるということが分かるのです。その気づきを与えてくれるのが、まさしく公文式学習なのです」

ＫＬＡＳでは、一〇年生は国数英の三教科必修で、各教科週一時限ずつ学習します。一一年生は二教科選択で週二時限、一二年生は任意選択となるため、学年が上がるにつれ、受講者が少なくなります。宮本先生も七年半前に着任した当時は、学習継続者も数えるほどで、どのようにしたら生徒たちに続けてもらえるのか、悩んだと言います。

「学習を続けている生徒の姿を見て、ふと気づきました。そうか、私の役割は、生徒たちに自学自習の方法を教え、意欲を高めるサポート役に徹すること。本来、人間が持っている自ら学ぶ力を引き出すことが使命なのだと。それは、私が公文会長に教えていただいたことであり、公文式指導では当たり前のことなのですが、環境が変わり、一人でおおぜいの生徒の学習を指導するプレッシャーに押しつぶされ、失念していたのかもしれません」

宮本先生の生徒たちの意欲を伸ばす指導が浸透したのでしょう。一二年生が公文式学習を継続する割合が、三年前には五〇％に、昨年は七五％に、そして、今年度、一二年生に対して継続の意志を確かめたところ、なんと九四％の六三名中五九名が続けることを希望したそうです。

「学習は続けることに意味があります。そして、その継続を支えているのが、意欲の高まりと強い意志だと思います。その意欲と意志を強く持つことができるならば、学習だけに留まらず、どんな環境でも、どんな状況でも生きていける、たくましい人間力が身につくのだと確信しています。継続を希望した生徒全員が計画通りに学習が進んでいるわけではありませんし、途中でやめてしまうかもしれません。でも私はその生徒たちに対して、成績のためだけではなく、自分の能力を伸ばしたいと続けることを希望した、その志を認めてあげたいのです」

公文式の教材は、鉛筆を自由に使いこなす、基本運筆力を養うために制作された初歩的なところから始まり、大学の課程で学ぶレベルまで連綿と続いています。

私などは、積み重ねられた教材群を見ただけで、これを最後までやり通す人間は果たしているのだろうかと、ぼう然としたものです。

しかし、実際にいるのです。ここレザンには、たくさん。宮本先生が赴任してから七年半の間に、一〇二名もの生徒が最終教材を修了しました。内訳は、英語が五七名、国語が二四名、数学が五名。その三教科以外にフランス語、ドイツ語、英語速読教材が用意されていますが、フランス語では三名、英語速読教材では一三名の修了生を出しているのです。英語速読教材を修了した女子卒業生は、当時を振り返って、次のように話してくれました。

「私が最終教材まで終えることができたのは、宮本先生のおかげです。先生と出会っていなかったら、公文のおもしろさ、自分自身のヤル気の強さ、深さ、そして人生に対する考え方も知らないままだったと思います。しかし、KLASでの公文のおかげで、TOEFLの点数が上がったことはもちろん、自分でも勉強することのおもしろさに気づくことができました。また自信を持てるようになりました。まだまだできる、今はそう思っています」

英語と国語を修了した現役一二年生の男子生徒は、幼児から始めた公文式学習についていて、このようなコメントを寄せてくれました。

「公文を通じて学んだことは何だったのか。当然のことですが、学力がつきます。しかし、最終教材を修了すると、ほかにも大切なものが身につくと思います。修了すること自体、並大抵なことではありません。僕自身、一五年を費やしました。この一五年の間には、分からない問題に直面したり、先に進まなくなったり、最終教材までの枚数を数えてがく然としたり、大きいことでも小さいことでも、挫折しそうになったことは数え切れないほどあります。しかし、立ち向かっていくうちに、自然と強い精神力が身についてきました。公文は学力と精神力という、今の時代を生きる、私たちにとって必要となるであろうことを与えてくれました」

この二人の言葉に、宮本先生の七年半という歳月が刻み込まれています。先生は自戒を込めて、こう締めくくられました。

「『子どもたちの可能性は無限です』、この言葉はKLASに赴任するまで、何度となく口にしていました。自分でも心からそう思っていたはずなのに、この学校で『この生徒がここまでやれるとは』ということを経験したとき、それが実は口先ばかりのことだったと思い知りました。それが私のここでの原点です。今では『今の自分は未来の自分ではない。がんばればがんばったぶんだけ結果が見えるのが公文式。誰も落ちこぼれない。有能になっていく。自己変革ができる』と心から、そう思って生徒と接しています。生徒一人ひとりが、自分を愛せる自己肯定感を持った人間になることこそが、公文が教材学習を通じてできる大きな社会貢献であるのと同時に、おおぜいの国際的な日本人を輩出することによって、世界の平和にもつながっていくのだという思いを胸に、指導にまい進しております」

教師のみなさんや寮父さん、寮母さんからお話を聞き、また、卒業生の保護者の方がたに感想をお聞きし、その思いの底流にあるものは、「信頼」という言葉でした。生徒と教師の信頼、生徒と寮責任者との信頼、学校と保護者との信頼、この言葉が、現在のＫＬＡＳを築いているのだということが分かりました。この関係を築くまでには、いろいろな苦労、確執もあったであろうとは容易に想像できますが、それを乗り越えた姿が今のＫＬＡＳなのだと思います。

第四章

「KLAS」から旅立つ国際的な日本人

とても忙しい生徒たち

二〇一〇年の新学期を迎えた七月現在、生徒数は、一〇年生は男子二七名、女子三三名の計六〇名、一一年生は男子二六名、女子三四名の計六〇名、一二年生は男子二八名、女子三五名の計六三名、合わせて一八三名がKLASで学習しています。

山を背にして、スイスの山小屋、スイスシャレー風の四棟の建物が並び、左から女子寮、続いて教室のほか、事務室、カフェテリアなどからなる校舎棟、その隣に男子寮、そして四番目に、教室のほか、多目的ホールやコンピューター室、音楽室などが入っている校舎棟となっています。おのおのの棟は四階建てで、二つの寮には、その最上階にレクリエーションルームのロフトがついています。またさらには、女子寮の斜め前に別棟のビルがあり、そこには図書室、進路指導室、公文式準備室、トレーニングルームが入っています。その別棟の横には、プレイグラウンドもあります。

教員数は、渡邉博司校長、ウィリアム・マンガン副校長を入れて三〇名（日本人教員一二名）。そのほかに、寮の責任者である日本人の寮父さん、寮母さんが各一名。事務を担当する職員の方が六名（日本人二名）。生徒たちの健康を管理している校医と二人の看護師さん。校舎や寮などを清掃するクリーニング・スタッフが七名。カフェテリアでの三食の食事を用意してくれるキッチン・スタッフが七名。そして校舎のメンテナンスを担当しているスタッフ二名が、生徒たちを常に見守ってくれています。

日々の授業は一クラス約二〇人、英語で行われる授業は一クラス約一〇人で行われますが、各クラスには、日本人と日本人以外の二名の教員がペアとなって担任を受け持ち、学習、生活、進路など、すべての活動をバックアップしてくれます。教員の半数以上が外国人ですが、ほとんどが日本の学校で教えた経験を持っていて、日本の高校生の実態を知る人たちですから、英語や海外生活でのアドバイスも的確にしてくれます。ケア態勢は日本の高校に比べて十二分に整っていると言っても言い過ぎではありません。

さてここで、生徒たちの一般的な一日を記しておきましょう。

まず、朝は七時の起床に始まり、八時までにはカフェテリアで朝食をすませ、授業に備えます。八時から三時二五分まで、五〇分の昼食をはさんで一時限五〇分の七時限授業。その後の四時から五時半までは週二回、町の二か所のスポーツセンターを使用して、「アクティビティ」と呼ぶ体育の授業があります。

バレーボール、バスケットボール、テニス、サッカー、水泳、アイススケート、エアロビクス、マウンテンバイクなどの種目から、好きなものを選択することができます。また、一月から三月は、毎週月曜と水曜の午後をアクティビティの時間とし、スキーとスノーボードの練習のために、生徒全員で近くのスキー場に出かけます。

夕食を終えた一九時から二一時までは、「スタディホール」と呼ばれる、自室での自習時間です。そのあとの二二時までの一時間が「クワイエットタイム」と呼ばれる、自由行動の時間となります。寮内にいること、他人に迷惑をかけないこと、この二つを守ることが条件ですが、夜食を作ったり、友だちの部屋や寮内のホールに集まって話したりと、生徒たちの息抜きとなる大切な時間と言えます。

そして、自室で静かに過ごす三〇分「インルームタイム」を経て、二二時半の消灯時間を迎えますが、テスト前など、さらに勉強をしたい人は、宿直のデューティの先生に申し出れば、二四時まで自室で延長学習をすることができます。なおデューティは、木曜から月曜が寮責任者の寮父さんと寮母さんが、寮父、寮母の休日となる火曜、水曜は、教員の方がたが持ち回りで担当します。

また、生徒の自主的な活動から生まれ、生徒会で認定されているクラブ活動は、主に土曜、日曜の週末に、生徒主体の運営で実施されています。スポーツ系には、町のスポーツセンターを使用して行われる、サッカー部、バレーボール部、バスケットボール部、テニス部、水泳部、陸上部、スキー部、マウンテンバイク部が、文化系には、校舎を使用しての、コーラス部、コンサートバンド部、ミュージッククラブ、ドラマクラブ、ソーシャルサービスクラブがあり、加盟している交流団体の大会などに参加し、スイスのインターナショナルスクールとの交流を深めています。

クラブ活動には複数入部している生徒も多く、クラブ活動のない休日や、特に予定のない放課後にレザンの町で買い物する程度で、日々の予定を多く抱えている生徒たちの生活はとても忙しそうで、ひまを持てあますなど、みじんもなさそうに感じられます。

生徒たちは、校内、校外のイベントの準備に費やす時間も多く、特に四月に行われる「英語ミュージカル」は、準備に四か月をかける一大イベントです。アクター、オーケストラ、衣装、舞台装置などに分かれて、生徒の約三分の二が参加します。そのほかには、毎年一一月に開催される「クモリンピック（クモンとオリンピックを合わせて作られた生徒発案による造語)」は、生徒たち自身が実行委員会を組織し運営する、KLASの正式な体育祭。この期間は、みんなが一つのことに集中するので、先輩、後輩問わず、人間関係がより深まるそうです。

毎年二月には、地域の住民や交流のある学校の生徒たちに、校舎を開放し、習字や華道、茶道などの日本の伝統文化や空手や柔道などの武道、さらには日本食の試食など、日本文化を理解してもらうために開催する文化祭「オープンハウス」。また、「チャリティバザール」や「新入生・交換生歓迎会」などもすべて、企画から実行までを生徒会が主催し、生徒たちが取り仕切っていきます。

生徒会の設立にも、自主・自立の精神とリーダーシップの育成と、民主主義・自治の尊重が強くうたわれ、まさに「自由と自己責任」に根ざした、KLASの教育方針の一面が理解できるように思います。

「クモリンピック」は、生徒たちだけではなく、教職員も心待ちにしており、学校全体で心地よい汗を流せるように種目の選択を工夫しています。特にメイン・プログラムの応援合戦は、各チームともオリジナリティ豊かで、そのために、忙しい授業、学習の合間をぬい、夕方やスタディホール後のわずかな時間を利用して、各チームが必死で練習する姿が見られます。

チームは、一八〇人が四グループに分かれ、各チームの団長になった生徒が、先頭になって士気を高めなければいけません。今の子どもたちは、「みんなで一丸となって何かをなし遂げる」ことにあまり慣れていないようで、リーダーは、チームメンバーに文句を言われたり、疲れて練習がおざなりになりそうな子たちからヤル気を引き出すのにとても苦労をします。

でも、先輩たちがヤル気のない生徒の意欲をどのように引き上げていったかを、そばで見て知っていますから、ちょっとやそっとのことにはへこたれず、何とかみんなをまとめ上げて当日に臨みます。ですから、無事やり遂げた後は、一様にすがすがしい顔をしていますし、リーダーをやる前と後とでは、明らかに顔つきが変わっていると言います。

後輩たちは、先輩たちがリーダーシップを体得していく過程をなぞろうとし、次の年の団長を選ぶ選挙では複数の生徒が立候補をするそうです。このように、自らが行動するという意欲が、先輩から後輩へと伝達されていくのです。

ともあれ、英語ミュージカルにしてもそうですが、生徒たちの「何かをなし遂げた」あとの達成感はひとしおのようで、自信に裏打ちされた輝きが、どの子どもの顔にも見られると、教職員の方がたは口をそろえます。

そのほかには、「国際音楽祭」や「模擬国連」、「ボランティアトリップ」などもあり、生徒たちの一年は、とにかく慌ただしく過ぎていきます。

そんな毎日も、生徒たちは一五歳から一八歳ならではのパワーで乗り越え、このハードスケジュールを楽しみながらこなして、大きく成長していきます。様々なプログラムに参加して、世界で活躍できる広い視野と経験を積み重ねて、日本では身につかない、グローバル・スタンダードを身につけた大人になっていくに違いありません。

飛躍的に上がるTOEICの点数

「自主・自立の精神」と「リーダーシップ」の育成を掲げた「人間教育」とともに、KLASの大きな特長には「質の高い英語教育」があげられます。校内での公用語は英語で、校内放送のアナウンスから掲示板、全校集会にいたるまで、すべて英語で行われます。日本人の教員だけではなく、事務職員とのやり取りまで英語が使われるという徹底ぶりです。

英語の授業は、毎日平均三時間以上。一〇人以下の少数制で行われ、(英文法を除く)全授業を外国人教師、英語のネイティブスピーカーが担当します。英語をコミュニケーションツールとすべく、また教養教科として、生徒たちは日夜「読み、書き、聞き、話す」の四分野をバランスよく、そして徹底的に学習しています。

英語の授業はもちろん、希望をすれば、化学や物理、世界史などの授業も英語で学ぶことができます。一般的な教科書では出会うことのない、科学用語や歴史上の人名、地名などを英語表記で学び、定期テストも英語で受けるわけですから、これほどの英語教育はないでしょう。

その結果は数字に歴然と表れていて、日本の大学生を含めた、TOEIC受験者の平均点は四五六点(二〇〇八年)、高校生の平均点は三八二点(二〇〇八年)に比べ、KLASでは、一〇年生の平均点は四〇五点(二〇一〇年)、一一年生の平均点は五三二点(二〇一〇年)、一二年生の平均点は五九〇点(二〇一〇年)と、かなり上回った得点を示しています。中でも、英語圏の大学進学を目指す生徒たちに絞って平均を出しますと八三三点で、トップの生徒の得点は九一五点と、KLASでの三年間の英語学習の成果が大きく表れています。

渡邉校長もこのKLASの英語教育には、自信を持ってこう話します。

「私たちが目指している国際教育というのは、国際的な日本人を育てたいということなのです。そのためには何が必要かというと、国外に出ていき、意思疎通に困らない、きちんとしたコミュニケーション能力や、表現力を含めた英語力が備わっていることです。

単にペラペラとしゃべれるだけではなく、日本人として『正しく読む・正しく話す・正しく書く』という表現能力を持っていること。そのためにはアカデミックな英語力とともに、なにより日本文化を日本人としてきちんと表現できる能力、つまりは、日本語の言語能力がなければいけません。

英語力と国語力、その両方を重要視している点にKLASの存在理由があります。スイスのインターナショナルスクールにも、日本人のお子さんが来ていますが、『英語のできる人』を目指すことと『英語のできる日本人』を目指すこととは、根本的に違うのではないでしょうか。

では、日常的に英語に触れることの少ない日本人が、読み書きだけの英語に留まらず、英語で調べて、英語で考えて、議論して、相手に納得してもらうだけの、コミュニケーション能力も含めて、本格的な英語力を伸ばすためにはいったいどうすればよいのでしょうか。

　要点は二つあります。一つは、中学校での基礎学習の上に、本格的なＥＳＬ（English as a Second Language／第二言語としての英語の力を総合的に効率的に育成しようとするもの）学習を積み上げるということ。もう一つは、英語を道具として使う環境を作ってあげることです。

　英語に触れる機会がもっとも多いクラスでは、全体の八割以上が英語だけを使っての授業になります。教室では、文法の知識をもとにして英文理解の切り口にしている日本の見慣れた風景とは違って、英語を母語とするネイティブスピーカーが、英語を伝達の道具としながら、いわば『英語で英語』を教えます。そして最終的には、英語で行われる大学教育を無理なく受けることのできる、高いレベルに到達していくのです。

　具体的には、『英語文献が早く読める』『レポート・論文がまとめられる』『講義が理解できる』『テーマに沿った議論ができる』というようなレベルです。それは、会話主体の英会話学校が目指すものとも、大学受験合格を目標にすえている受験予備校や受験進学校が求めているものとも違います。それらの傾向と明らかに異なるのは、文法は文法のためだけ、英会話は英会話のためだけではなく、あくまでも大きな意味での『英語習得の手助け』と位置づけられていることです。

また、英語関連の授業数の多さだけではなく、ＥＳＬ教員は、宿題として授業外ですべき学習量の確保に留意しています。たとえば生徒に日記を、毎日のように英語で書かせ、英語の誤用は添削して返します。

こうして、シャワーを浴びるように英語に浸り切って、圧倒的な分量のヒアリングやリーディングを繰り返すと、あるとき、ふと飛躍的に英語がよく聞こえてくるようになります。

一〇年生の早い段階で、コミュニケーションの基礎技術と成功体験から生まれる自信をつけさせることに、私たちは心を配ります。つまり、『正しい英語だが少ない発言よりも、たとえ誤りがあっても、たくさん発言することのほうが大切である』と教えられることで、まだ幼い生徒たちは安心するのです。失敗を恐れず、自由に発言できるような明るい環境の中で成功体験を積み重ねるにつれ、生徒たちの自信は深まっていきます。

そして、一一、一二年生では『英語を学ぶ』から『英語を使って何かを学ぶ』へ重点が移されます。英語のスキルが中心の学習から、英語力の伸長をはかりながら、同時に教科学習としても高度な内容を持ち合わせた学習へと、少しずつ移行していくのです。特に一二年生の『リサーチプロジェクト』という科目は、KLASでの英語学習の総まとめとも言えるものです。生徒は、自分で設定したテーマについて調査研究して、英文で論文をまとめます。

英語圏の大学へ進学する生徒が三割ほどいるのですが、彼らが卒業してから、ここに遊びに来るたびに尋ねるんですよ、『英語で困らないか？』って。そしたら、みんな逆に『何でそんなことを聞くの？』って感じで、いぶかしげな表情を浮かべるんです」

実際に、生徒たちが授業を受けているようすを、二〇時限以上見て回りました。明らかに日本と違ったのは、どの授業も少人数で、先生たちがとても個性的なこと。独自の教え方で、非常に熱心に生徒たちを指導していることです。

そして、生徒たちは分からないことがあると臆せずにどんどん質問し、ときには先生と生徒たちの掛け合いのようになり、一つの質問をきっかけに、もっと広い範囲まで自然に内容が広がることもありました。また、教科書が非常に分厚いこと。生徒たちは教室移動をするたびに、それらを抱えることになりますので、腕の筋力が鍛えられそうです。

どの授業にも共通して言えることは、教師と生徒の距離感が驚くほど近いということです。それは単にフレンドリーということではありません。歴然とした、教える側と教えられる側という一線はあるけれど、教師は「何とかこれを知ってもらいたい」として、自分の全精力を傾けて講義をするし、生徒側にも「その教えをどうにかして理解しよう、分からないところはこの場で完結させたい」という意志が感じられるのです。

もちろん、全員が全員、とは言いませんが、おしなべて授業態度は真面目で、教室の雰囲気はどこも明るく、とても活気があるのです。

教室全体が、節度を持った中にもリラックスした雰囲気を醸し出している、と言うのでしょうか。とにかく、生徒たちはよく質問をするし、教師もどんな小さな問いかけにも、ていねいに答えています。

たとえば、一二年生の生物の授業。その日はたまたま、光合成の仕組みを三グループに分かれてプレゼンテーションする日でした。

担当教師は、マリー・サムソン先生。生徒たちが発表をする間じゅう、後ろの席で足を組んで発表を見つめる姿は、とてもリラックスしつつも、少し心配そう。まるで、わが子を見守っている母親のようでした。一組が終わるたびに感想を言い、途中で分かりにくい箇所があれば指摘するなど、厳しくもあたたかく、とても素敵でした。

さて、実際に発表した生徒たちのようすをご紹介しましょう。

まず一組目の男女六人が登場。模造紙に仕組みなどを描いた図を用意する役と、説明役とに役割分担をしながら発表していきます。「もう少し自信を持って、恥ずかしがらずに説明して」、サムソン先生からそんな表情が見てとれます。でも、分かりやすい説明は英語の苦手な私にも、光合成の仕組みが理解できたように思いました。

二組目は、男子生徒二人がDVDにまとめてきた映像を再生します。音楽も映像もなかなかの出来です。ただ、ちょっとビジュアルにこり過ぎていて、肝心の光合成のプレゼンテーションということが脇に置かれてしまったところが惜しい。でも、こんなふうに光合成の仕組みを発表するという方法もあるのだと妙に納得し、今の子どもたちは、いとも簡単にここまで映像で表現してしまうのかと、とても驚きました。

そして、最後は女の子の二人組。手作りの大型絵本に光合成の仕組みを非常に分かりやすくまとめ、とても工夫をこらして表現していて、文句なしに素晴らしかった。よく、こんなにていねいに、分かりやすく絵本にまとめたものだと、とても感心しました。さすがに、生徒たちからも大きな拍手です。

英語で絵本を作り、そして英語で相手が分かるように説明する。彼女たちは生物の光合成を他人への説明を通して、より深く理解していくとともに、さらに高度な英語力をこうして身につけていくのだと、改めてＫＬＡＳの英語教育のすごさを感じました。

このほかにも、数学、化学、物理、英語、国語、フランス語、世界史などの授業を見学し、チャーミングな先生や、熱意あふれる先生たちの講義に、つい学生に戻ってしまって、生徒たちと一緒に授業を受けてしまいました。私も高校時代、こんな授業を受けたかったなと、ついついうらやましさを感じてしまったものです。

ユニークなKLASの進路指導

ＫＬＡＳの卒業生の進路は、英語圏を中心とする海外の大学への進学と、日本国内の大学への進学との二つの方向に分かれます。生徒は一一年生になると、日本国内の大学への進学を準備するJapanese College Preparation（JCP）プログラムと、アメリカやカナダなど、海外のおもに英語圏の大学への進学を準備するAmerican College Preparation（ACP）プログラムのどちらかを選択します。

ＪＣＰプログラムは、高度な英語力を習得するために、一日七時限の授業のうち、三、四時限を外国人教師の英語もしくは英語を使って進める授業にあて、国語や歴史、数学など、そのほかの科目は、日本語での授業となります。

一方、ＡＣＰプログラムは、現代文、古典講読、日本史や保健の授業は、日本人教師が日本語で授業をしますが、そのほかの語学、数学、理科、社会などの授業は、英語を母語とする外国人教師が英語で進め、英語圏の大学で学習していくための学習能力を養っていきます。

ＪＣＰプログラムを受ける生徒は日本の大学へ、ＡＣＰプログラムを受ける生徒はアメリカ、カナダなどの大学へ、という進学の構図はありますが、なかにはＡＣＰプログラムの生徒が日本の大学へ、ＪＣＰプログラムの生徒が海外の大学に進むケースもまれにあるそうです。

それぞれのプログラムには、一名ずつの進路指導担当の教員がいて、生徒たちはその先生と、女子寮の斜め向かいに位置する別棟のビルにある進路指導室で、将来どの大学に進むべきか、その方向性を話し合います。

進路指導は、生徒に将来を考えさせながら、欧米の大学か日本の大学か、理系か文系か、どの学部を選ぶのかといった、プログラム選択と科目選択とを並行させながら、段階的に進められるようになっています。各学年での進路指導の課題は次の通りです。

（一）第一〇学年：進路についての意識づけを行い、学習の目的を明確化し、学習への動機づけをする。日本か米英かのいずれの大学へ進学を希望するかという点を踏まえて、ＪＣＰ／ＡＣＰの選択が適切にできるように指導する。

（二）第一一学年：将来を具体化しながら、進路目標をより絞り込む。

ＪＣＰプログラムでは、文系／理系の進路希望を明確にした上で、適切な科目選択ができるよう指導する。ＡＣＰプログラムでは、英米の入試制度を熟知させた上で、各大学の情報を収集し、志望校について研究ができるように指導する。

（三）第一二学年：ＪＣＰプログラムでは、入試状況などの情報提供を行い、志望校（学部学科）を確定できるように指導する。また、卒業後の学習がスムーズにできるよう、助言や援助を行う。ＡＣＰプログラムでは、下調べした情報をもとに志望校を具体的に決定し、実際の出願作業をスムーズに行うよう、助言や援助を行う。

生徒たちの全体の七割が日本の大学へ進学しますので、ここでは、日本の大学に向けた進路志望実現のために、具体的にはどう指導しているかを記します。

（一）進路アンケート

生徒個人の興味・関心のある分野から始めて、日本／米英への進学、文系／理系、大学・学部・学科の選択へと進路希望を、アンケートによって具体化、明確化していきます。

（二）HR担任・進路担当との個人面談

進路アンケートに基づいて、生徒はHR担任との個人面談を行います。また、必要に応じて進路担当との面談を行うことができます。一〇学年では、KLASの生活面について、また学校生活への適応と、基本的な学習習慣の確立などの面からスタートし、一二学年までには将来の展望に基づいた希望の進学先へと、段階を追って指導を受けます。

（三）海外模試

日本国内の高校生と同じ基準で、学力を判定することのできる「海外模試」を実施します。KLASは七月が新年度であり、日本国内の高校とは学習進度に違いがありますので、生徒へのフィードバックは、既習分野のチェック、得意・不得意傾向の把握などに重点を置きます。

(四) 入試情報

JCP進路指導室に各種入試情報誌などがあり、必要に応じて調べることができます。また、生徒の要望に応じて、インターネットを通じて情報収集をします。

(五) 進路ガイダンス／卒業生体験発表会

各学年ごとに、進路ガイダンスミーティングを実施するほか、卒業生による入試や大学生活についての体験談の発表を行います。

大学進学を希望する日本国内の高校生は、高三ともなるとほぼ受験一色となり、実質的には、本来あるべき高校生活を送れるのは二年間という進学校も少なくありません。また、たいていの高校でも、高三の三学期には、ほとんど授業が行われないのが現状です。

長男の公立高校の場合を振り返っても、クラブ活動は高三になると早々の引退となりますし、授業も二学期後半、三学期ともなりますと、プロ野球の消化試合のようで、単位取得のためだけにやっているような感じを受けました。

進路相談にしても、学校の先生より塾の先生とのやり取りを通して受験校を決めるなど、生徒が受験に関して学校に求めることは、とても少なかったように思います。また、学校側も、生徒たちの要望に応えられるだけの入試情報や進路ガイダンスを、きちんと与えてくれませんでした。長男の通った公立高校が特別だと言われてしまえばそれまでですが、担任の先生によって、受験指導に対する熱心さが違っていたり、進学担当の先生にしても、その情報収集能力が劣っていたのではないか、今となればそう感じざるを得ません。

その点、進学塾はそれが商売だとはいえ、きめ細かい指導をしてくれていましたので、最終的には塾の進路指導担当者に相談して受験校を決め、その後の進学先に関しても相談をしました。

そんな日本の公立校の、怠慢とも言える対応の悪さを経験してきただけに、KLASでは、生徒それぞれの個性に応じてきめ細かく、時には厳しいアドバイスもしていることにうらやましさを感じたのと同時に、本来は、これが当たり前の姿であるはずだとも感じました。

有名大学進学者も増加

ＫＬＡＳは、毎年七月に新学期を迎え、次の年の六月に卒業式、終了式を行います。この欧米の年度システムを採用していることから、九月に新学期を迎える、アメリカ、カナダなどの欧米の大学進学には問題ありませんが、日本の大学とは三か月のタイムラグがあります。

したがって日本の大学への進学を目指す生徒の多くは、半年間塾や大手予備校などに通うこととなります。しかし最近は、九月の秋期入学を実施する大学も増え、そのまま進学を果たす生徒も増えてきました。

ＫＬＡＳ生の進学先は、その教育の特長を反映して、実にユニークで多岐にわたっています。

文学部や外国語学部の英語学科といった語学系や、国際教養系の学部を希望する生徒が多いのはもちろんですが、法律学の研究を望む場合でも、将来は国際的な舞台で活躍すべく、たとえば、国際機関の職員を目指しているとか、医学部志望の場合でも、国境なき医師団のメンバーになることを目指しているなど、KLASで学んだ三年間の様々な活動によって醸成された将来への夢が、学部の選択に色濃く投影されています。

このように生徒たちの人間的な成長の度合いは、英語力の充実をはじめとして、日本国内の高校生に比べると、はるかに大きいと言えます。今は、AO入試や自己推薦入試などがかなりの大学で実施されていて、「個人の夢や意思」を評価、尊重してくれる大学が、日本国内でも増えてきました。そんな追い風もあって、日本国内の大学へ進学した後も、スイスで身につけた学力、国際感覚、思考力、そして行動力を生かせるチャンスは確実に広がっています。

そんなKLAS生を日本で支え、保護者や生徒たちの様々な事柄にかかわり、親身に相談に乗ってきた、いわばスイスとのかけ橋的存在である、スイス公文学園日本事務局の児玉省三事務局長に、お話を聞きました。

「日本の大学へ進学する生徒に関して言えば、国公立大学、あるいは私立の早慶上智、ICU、関西で言えば関関同立などに、多くの生徒を送り出しています。この実績をある大手の大学進学塾の人にお見せしたら、『これは海城高校並みだ』と言われました。

本校は日本全国から受験生が集まることもあって、正確な偏差値は出せないのですが、ある高校進学塾で、うちの学校を受けたいという生徒たちの入学試験の成績を判断してもらったら、なんと偏差値は五四でした。『えぇーっ、そんなに低いの？』というようなレベルです。

それが、卒業する時には、偏差値七二という海城高校と肩を並べるような進学実績をあげるのですから、まさに驚異としか言いようがありません。

日本の大学入試では、英語の比重が非常に高いので、高い英語力があることはとても有利です。特別な受験指導はしていないと言っても、必然的に高い英語力が身につくKLASにとっては、力強い追い風となりますし、また生徒たちは、複数のクラブ活動や、学校内行事や学外行事に率先して参加していますので、そういう三年間の活動歴を問われるようなAO入試には、自己アピールをしやすいという強みを発揮して、合格に至るというケースが多く見られるようになりました。

保護者の方たちには、有名大学の進学実績がその高校のレベルをはかるバロメーターになりやすいのですが、私はむしろ、その学部に注目していただきたいんです。たとえば、二〇〇九年度大学入試では、一学年六〇名の中から、医学部に四人、歯学部に二人、薬学部に一人、合計七人の生徒が医歯薬系に進学しました。このなかには、ハンガリーの国立大学医学部に進学した生徒もいます。六〇人中七人、つまり一割以上が医歯薬系の学部に進学しているのです。こんな高校は、日本国内でもそんなにはありません。

また、国際教養系や語学系などの文系を選ぶ生徒も少なくありませんが、美術やデザインなどの芸術系や理工系への進学者が多いのも大きな特長です。本当に選択する学部学科が、とてもバラエティに富んでいます。特に国際ボランティアなどの経験から『人の役に立ちたい』『役立つ仕事に就きたい』という理由で、学部を決定する傾向がとても強いのです。

私たちは、偏差値を重視した進路指導はしません。日本の高校の多くは、『君の学力はこれだけだから、合格する大学、学部はこんなところだね』というような進路指導が一般的と思いますが、うちはそうではないんです。『将来、何をやりたいのか、何になりたいのか』という点を大切にします。『それなら、こういう学部に行く必要があるね。それならこの大学の、この学部はいいよ』というような指導をしていきます。

もともと子どもというのは、いろいろな能力を持っています。ところが日本の多くの高校では、偏差値指導が行われていて、『今の学力で合格できる大学、学部はどこか』になってしまっている。私たちはそうではなくて、個を重視する指導というか、おのおのに合わせて引き出してあげることを使命と考えていますから、生徒たちは必然的に、多彩な学部学科へと進学していくのだと思います」

一般的な感覚で偏差値だけを取ってみても、実際に、卒業時には一〇も二〇も上がっているのですから、お得と言えば「お得な学校」なのかもしれません。

でも、それ以上に、夢を持ち続ける人間に育ってほしい、と児玉さんは言います。特に思い出に残る生徒として、中学二年生のときにパイロットになりたいという夢を持った子が、海外留学もしたいという夢の両方をかなえるためにKLASに入学し、念願のパイロット養成学科のある東海大学への進学を決めたケースをあげます。また、画家でもあるマンガン副校長の授業で絵を描く喜びに目覚め、武蔵野美術大学へと進んだ生徒の例を紹介してくれました。

好きなことを見つけた生徒たちは、さらに高い目標を定めて日々努力を欠かさないことでしょう。でも、この「好きなこと」を見つけるのがもっとも難しいことなのです。

わが身を振り返っても、漠然とは、こんな職業に就きたいなあと思っていても、それさえ二転三転し、結局は、大学卒業を間近に控えた時点で決めたというのが実情です。出版社勤務というそれさえ、卒業して二、三年後に、「その仕事は本当にしたいものではない」ということが分かったので、その後の何年かは、もんもんとした「自分探しの旅」に出ていたという状況でした。ですから、「ものを書く」という、今では天職とまで思えるような仕事に就けたのは、二〇代も終わりごろ。「好きなこと」をもっと早くに見つけていれば、また違う風景が見えたのではないか。やはり遠回りをしてしまった、という思いは消せません。

だからこそ、二人の子どもには「職種は何でもいい。ただ、自分が好きだなと思う職業に就いてほしい」と言ってあります。本気で好きなことなら努力も苦にならないし、我慢もできるからです。

ＫＬＡＳ生たちの多くは、高校の三年間で様々なことを体験し、それぞれが自分というものをしっかりと見つめ、将来を見すえて大学受験に臨んでいきます。取材を通して、「有名大学ならどこでもいいや」という生徒に会うことはありませんでした。みんな、「自分は将来、こういう職業に就きたい」「こんな職場で働きたい、だからこの大学のこの学部に進むのだ」といった、明確な目標を胸に学んでいるように、強く感じられました。

受験テクニックではなく「生きる力」を身につける

参観する授業のスケジュールを立てて、その授業にも同行して説明をしてくださった在田昌弘先生は、今の教務部長という立場になって丸五年。一二年生の選択科目で生物を教えていますが、教務責任者としての仕事が大きな割合を占めていますので、担任の先生たちと同等以上に、客観的に生徒たちを見つめているはず。在田先生の目にはどんなふうに、KLAS生は映っているのでしょう。

「毎日、レポートや課題提出が宿題としてたくさん出ますので、デッドラインに間に合わせるために必死になっている姿が日常的です。私たちのモットーは徹底的な『基礎重視』。英語の授業も基礎的な『書く力、読む力』の学習から始め、高度なリーディングからスピーキングの学習へとステップを踏みながら、あるスピードをもって進んでいきます。生徒たちにも一定の努力を要求しますから、日々の学習は決してラクではなく、寮での個人学習を含めて、毎日がとても忙しいと思います。

私たちは、受験テクニックを覚えてもらおうとは、少しも思いません。日本の大学はともあれ、海外の大学には、そのような考えは通じないからです。ですから『大学に受かるための勉強』というより、『将来の自分に向けて、血となり肉となるような勉強』を中心にすえています。

語学はその典型で、受験テクニック、いわゆるつめ込み教育ではなく、ステップ・バイ・ステップの地道な学習だからこそ、きちんと身についていくんですね。

以前、私が担任しているころに、果たしてこの子は進級できるのか、卒業できるのかとヒヤヒヤして見ていた生徒が、今ではドイツ系の証券会社に入って、立派にやっています。受験テクニックよりも『生きる力』をつけることが大切なのです。

ここの生徒は、この『生きる力』が本当に強いとつくづく思います。ですから、進路を決める際は、遠い将来を見すえて、そのためには大学で何を勉強すべきなのか、そのためには今、何をすべきかというふうに考えていきなさい、と指導しています。

とは言っても、なかには勉強の滞る生徒がいます。その子たちの面倒を見るのも教務部の責任ですから、定期テストで及第点に達しなかった子はアクティビティのない日の放課後に呼び出して、私や担任の先生方が監督し、目の前で勉強させます。そして、その子たちには、毎週毎週、勉強がどれだけ進んでいるかをレポートにして提出させ、実際の学習状態に変化があったかどうか、教科担任の先生からコメントをもらいます。それらを見て、その状態が良くなければ、また呼び出します。

KLASでの評価は五段階で、もちろん、学習姿勢なども加味されますが、基本的には、各科目一〇〇点満点中、八七点以上が『5』、七三点から八六点が『4』、五九点から七二点が『3』、四五点から五八点が『2』、四四点以下の生徒には、『1』という評点がつきます。そして、学年末の成績に、一科目でも『1』という評点がつくと、留年が余儀なくされます。

ですので、そうならないように、学年末以外の中間考査や期末考査で悪い成績を取った生徒はフォローしなければなりません。『1』や『2』を取りそうな可能性があったり、教科担任がフォローの必要性を感じた場合、『アカデミック・ウオッチング』といって教務部の監察下に置かれ、日々の学習の改善の指導を受けます。そして『1』を取ってしまうと、『アカデミック・プロベーション』という、先ほどから説明している呼び出しを受けることになります。

約一八〇名の生徒のうちで、私に呼び出されるのは二四名ほど。恥ずかしい話ですが、約一割三分ですね。学年末考査に『1』を取らないように、各教科担任も私たち教務部も一生懸命、その子たちを何とか引っぱり上げるように指導していきます。それでもきわめてまれなことですが、留年する子どもが出てきます。

どこの高校もそうでしょうけれど、学習成績の差が存在すること、それは隠しようのない事実です。本年度は京都大学に合格した生徒も出ましたが、トップレベルの大学へ行く学力の子もいる一方で、『今まで勉強してこなかったんだね』という子もいます。

私が思うに、生活態度と成績はおおむね比例するのではないでしょうか。特に男の子のほうにだらしない子が多くて、そんなときは成績も悪い。でも、その子が何かのきっかけでガラッと変わると、態度も良くなる、成績も良くなり、ぐんぐん力をつけていくということがあります。女子もそうですが、特に男子は一つ、何かが見つかったときの集中力には、すごいものがありますね。

『落ちこぼれ』という言葉は絶対に使ってはいけないので、私は『成績が滞っている子』と言っていますが、その子たちとは『アカデミック・プロベーション』を通じて、人間関係がとても密になります。魅力的な子も多く、卒業してからむしろ、なつかしさがこみ上げてきます」と、在田先生は笑いながら話してくれます。

卒業生たちがKLASを振り返って感じること

では実際に、ＫＬＡＳの卒業生たちは、ここでの生活から何を学び、そしてそれが、その後の生き方に、どのような影響を与えているのか、語っていただきます。

最初にまず登場していただくのは、第一期生で生徒会長だった宮脇一嘉さん。宮脇さんは、現在、フランスに本社のある外資系企業「日本エア・リキード株式会社」に勤務していますが、入学するきっかけは、いったい何だったのでしょう。

「公立中学に通っていましたから、普通に県立の高校へ進むつもりだったんです。

あれは確か一一月だったと思いますが、ＫＬＡＳの学校案内のダイレクトメールが来ました。もともと公文式には小学校二年生から通っていたので、公文がやっている学校だという安心感もあったんですけど、単純に『ヨーロッパだぜ、すごい』『これは行ったら、絶対におもしろそうだ』と思ったんですよ。それまで飛行機に乗ったこともなければ、新幹線だって修学旅行で初めて乗ったぐらいの僕でしたけれど。

それで両親に話をしたら、父親はまだ四〇代でしたし、塗装業をやっていた父の仕事の景気も良かったので、最終的に父が『家を立てようと思っていたけど、その金で行けるのなら行ってこい。その代わり、将来、その金は返せ』と、家の新築資金をそっくりそのまま、僕のスイスへ行く費用に回してくれたんです。

学園生活ですか？　おもしろかったですよ。何しろ一期生ですから、学園自体が手探り状態、先輩もいませんし。自分たちが旗を振ったら思い通りになりそうで、がぜん、ヤル気になりましたね。だから、一一年生、一二年生と続けて生徒会長をやりました。生徒会のルールも自分たちで考えて文章化して。たとえば、生徒会の下に部門別の委員会を作って、それぞれの活動内容を決めてとか。

もう二〇年前のことですから、今はずいぶんと変わっているとは思いますけど、何でも最初というのは、たいへんなことも多いけれど、逆にやりがいもありますね。先輩たちがいないぶん、後輩たちがとてもかわいらしく感じたし、みんなよく面倒を見ていました。

でも、僕たち一期生は、年上の人に面倒を見られる経験がないので、何でも自分でやらなければ気がすまないという、そんな気持ちが強くなりました。ただ、おかげさまで、行動力や実行力は、人一倍、培われたと思います。日本の大学に帰ってくると、向こうでは当たり前にやっていたことをしているだけなのに、みんなに頼られて逆にびっくりしたり。

ただ、日本食がなかったのは苦しかったですね。それに、当時の食事は、隣のアメリカンスクールからテイクアウトしていたので、サラダなんかもくたびれていたり、ドレッシングもいまいちで、僕ら伸び盛りの人間にはキツかったです。一二年生になった時、やっとジュネーブの日本食の食材店に電話をしたら送ってくれるようになったので、だいぶ助かりましたけどね。

でも、入学当初は日本食が恋しくて、電気ポットの中に水を入れて、スーパーで買ってきたイタリア米を炊きました。今なら絶対に食べられたものではないでしょうが、そのころは、親に送ってもらったお茶漬けの素をかけて『ああ、日本の味だなあ』なんて言いながら食べていました。ですから、今のカフェテリアの豊富な食材を目の当たりにすると、もう夢のようです。本当に、今の生徒たちがうらやましい。

僕には、弟が二人いるんですが、僕が兄弟の中で、いちばん背が低いんです。あの育ち盛りの時期に、十分に栄養がとれない食生活をしていたからではないのかと、勝手にそう思っているんですが。だって、日本に帰国して一年間で五センチも身長が伸びたんです。親にも『見て分かるぐらい、背が伸びたな』って言われたぐらいですから。

ＫＬＡＳで学んでみて、とにかく外国がこんなに近いというか、世界が狭くなった。外国人に対する偏見もなくなったので、そういう意味で言うと、地球が小さくなったという感覚を持てたのは、とても貴重でした。

スイスでの生活を通して、いちばん理解できたことは、『異文化』の存在です。英語やフランス語など外国の言葉は当然ですが、ＫＬＡＳには日本全国から生徒が来ていますから、自分の話している関西弁が国内においても、少数派であることに気づき、また、異なる環境や言葉で育った人間は、同じ物でも違うように感じているのだということが、分かるようになりました。

ここで培った英語力は、卒業後も試験、論文、学会など、様々な場面で役に立ちました。大学は国立理系志望でしたが、英語ができるとラクですね。数学なんかはみんな同じレベルですから、受験では、語学で差が出るわけです。僕は、専攻は化学と決めていたので、英語、数学と物理、化学の四科目で受けられる大阪大学だったら通るぞ、という絶対的な自信がありましたね。本当に、理系は英語がポイントです。

就職試験のときも、普通は『大学では、どんなことをしていたか』と尋ねられると思うんですけど、僕は『なぜ、この高校へ行ったか』を尋ねられたんですよ。『スイスにあるのですね』『はい、そうです』という話から、ヨーロッパの話題になる。やはり、スイスの高校というのは、就職の担当者にも何かインパクトがあるようです。

勤めている今の会社にしても、『英語力』と『外国人に対する慣れ』を買われたんだと思っています。実際に、フランスへ赴任して二六歳から四年半住みましたけど、その間も外国人たちとチームで仕事をすることによって、さらに幅広い知識を得ることができました。そのときも別段、なんの違和感もありませんでした。これも高校生の多感な時期に、『異文化』に対する感覚を広げることができたからだと思うんです。

よく、『最初に行った外国が好きになる』と言われますけど、僕にとっては、スイスが好きになったというより、第二の故郷ができたという感覚に近い。ですから、卒業後も事あるごとにスイスに行きますし、レザンはもちろん、当時通っていたローザンヌの剣道の先生に会ったりしています。ジュネーブ、ローザンヌ、エーグル、レザンと、行くたびに毎回、なつかしい気持ちで風景を眺め、町の通りを散歩して、あの非常に濃かった三年間を思い出しています」


第七期生の酒井文子さんは、兄二人の末っ子ということもあるのでしょうが、幼いころは、とても内気で引っ込み思案だったそうです。でも、その反面、「異なる世界」を見てみたいという好奇心が旺盛な一面もあって、中学三年生のときには、地元以外の高校への進学を決めていたと言います。

「最初は、家から通える範囲で、もっと遠い地域の高校を考えていたんです。そしたら、母が『ここに行ってみたら』と、KLASを勧めてくれました。

とにかく、すごく楽しい学園生活でしたね。寮は、入学時は三人部屋に二歳上の関西出身の先輩と二人。今考えるとちょっと腰が引けそうですけど、そのときは姉ができたようで何でも相談できて、単純にとてもうれしかったんです。

もちろん、すべてが自分の好きなように振る舞えるわけではないのですが、スイスに来て、何だか自由になれたような気持ちがしました。外国が自分の性格に合っているのでしょうね、逆に日本に帰ってくると、何となく閉そく感を感じるんです。

今もそうですが、海外に出ると独特の解放感があって、あの当時、まったく知らない人たちの中に入っても、構えることはありませんでした。英語は好きで、ほかの科目に比べると得意なほうでしたけど、夏休みにイギリスに初めてホームスティを二週間ほどして、英語づけの毎日を送ってKLASに戻ってきたときは、集会で校長先生やほかの先生たちが話していることが、以前よりも分かるようになっていました。

KLASでの三年間で、もっとも私が良かったと思うのは、仲間との人間関係が築けたこと。三年間一緒に暮らしたことで、お互いによく理解し合えていますから、いまだに交流は続いています。同期の誰かが結婚したなどという情報は、今もきちんと届きますし。同期の三割が海外の大学へ進学しましたけど、卒業して日本に帰って就職したという人は結構多いかな。

私自身は、もともと環境系のことがしたかったものですから、最初は慶應義塾大学の環境情報学部に入りました。先生は良かったのですが、パソコンを駆使して、新しいことばかりを勉強しているような感じがあって、ちょっと違和感を覚えました。

私は考古学的なこととか、もっとそれ以外の分野のことも幅広く勉強したかったし、教職も取りたかったので、二年生のときに、国際基督教大学（ＩＣＵ）の教養学部国際関係学科に編入しました。基本的には国際関係、国際法とかの分野を学ぶのですけど、申請したら、ほかの理学系や教育系の科目も取れるし、自分で好きなように授業を組み合わせることができたんです。結局、私は途上国の環境問題について、専門的に学んでみたいと思うようになり、国際関係学科にいながら、理学科と教育学科でいろいろな科目を勉強しました。

そして、発展途上国の開発問題の研究で進んでいるのはイギリスだったので、大学院は担当教授に勧められた、イギリスのサセックス大学へ留学しました。ＩＣＵでは英語でのレポートも書いていましたけど、日本語でのレポートも多かったものですから、向こうへ行ったときは英語での書き方を忘れていましたね。ですから、毎日ラジオで英語放送を聞いたりして、もう一度英語力を養ってからイギリスへ行きました。

サセックス大学には一年間いて、その後、JICA（独立行政法人国際協力機構）のインターンシッププログラムでガーナ事務所に半年間行きました。そして、帰国して半年ほど、環境活動を支援するシンクタンクで事務の仕事をしていたんですけど、その後、海外青年協力隊に受かって、西アフリカのブルキナファソへ赴任したんです。

位置的にはガーナの真北にある国で、フランス語圏なんですね。フランス語は、KLASで二年間、授業を受けましたので基礎的なベースはありましたが、行く前に二か月ほど研修を受けて勉強したんですけど、現地では英語がほとんど通じず、苦労しましたね。

ファダングルマという都市が任地だったのですけど、その近くの村で環境保護活動と環境教育をするという、漠然とした目的で行ったんです。

実際にしたのは、小学校での環境教育。たとえば『身近にある木について、なぜ木を植えるのかとか、向こうの人はゴミをポイポイ捨てるので、それはいいことか悪いことか、ゴミ箱に捨てないで放っておいたらどうなるか、病気になるね』といったことを、授業で教えるわけです。

植物や動物や、ゴミなどのテーマを決めて、動物のマネをしながら勉強しましょうとか、ときにはクイズ形式で授業をしたり、紙芝居やカルタ形式にして、話をしたりしました。

任期は二年だったんですけど二か月半延長して、近くにある村で、女性が身近にある環境資源を使って品物を作って、それでお金を稼げるような活動を手伝いたいと思っていたので、その活動期間にあてたんです。

たとえば、ニームという木の葉っぱには殺菌作用があって、はれものやできものに効果があるので、それと、シアという木から採れるシアバター、これ自体保湿力があるのですけど、この両方を混ぜてハンドクリームを作って売るという活動です。

もともとは、前任の隊員の方と現地の薬剤師さんが作ったものですけど、それを作って売るまでのシステムを整備しようということで、町のお店に置いてもらって、なくなったら補充するという新しい形にしたんです。売れたお金はすべて収入になりますので、利益率は七割にもなりました」

酒井さんは、二〇〇九年の六月に帰国して、九月からＪＩＣＡの森林管理に関する技術協力プロジェクトを請け負う、社団法人日本森林技術協会で働いています。きっかけは、現地ブルキナファソで、「ここで働かないか」と声をかけられたからだそうです。

彼女の仕事は、プロジェクトの中の業務調整・研究管理という役職で、プロジェクトがうまく機能しているかの運営管理や経理、そして、現地の村の人に対して行われている、様々な研修の調整を現地でするのが、主な業務だそうです。

二〇〇九年の一〇月と一一月に、ブルキナファソにはすでに二度、日本森林技術協会の職員として出かけ、現地で森林管理の研修をしてきました。今後はさらに、日本人があまり足を踏み入れない世界中の発展途上の地域で、「森をどのように守っていくのか」という研修事業にまい進していくのでしょう。

そんな世界を股にかけて活躍する酒井さんに、最後にＫＬＡＳで学べたことは、今の自分にどう影響しているかを聞いてみました。

「とても貴重な経験ができたと思います。日本では絶対に味わえない雰囲気やまわりの環境がありましたから。それと『こういうことがしたい』と生徒が言ったことに対して、先生たちが、様々なサポートをしてくれたことが、私にとっていちばんありがたかったことですね。

たとえば、旅行でもスポーツでも、いろいろなオプションの中から、自分が選べるんです。楽器でハープを習いたいという希望があれば、音楽担当の先生は、ハープを教えてくれる先生を探してくれます。生徒がしたいことに対して、選択できるオプションがたくさんあるし、その実現に向けて、きちんと応えてくれるのはすごいなって。

日本の高校は、やっぱり受験のための学習が目的で、勉強、勉強という傾向が強いですけど、KLASは、それ以外のことがすごく充実していました。

私は『模擬国連』にも参加しましたけど、とても刺激を受けました。ただ、自分の英語力とコミュニケーション能力が足りなかったので、大きな成果を上げたということはなかったのですけれど。

でも、いろいろな国の高校生が来て会議をして、問題について一つの対策案をまとめるということを経験して、様々な人たちからなる社会とはこういうものなのか、ということが、本当によく理解できました。その反面、ああ私はまだまだなんだなあと思って、そのときはへこみましたけど。でも、そのときの体験が、今の私の職業選択にも大きな影響を与えていると思います」

三番手は、第六期生の倉井友寛さんです。

カナダのクィーンズ大学からアメリカのコーネル大学大学院を経て、現在は東京大学の農学系の博士課程で研究を続けていますが、将来的には国際機関で働きたいという希望があるようです。その背景には、父親の仕事の関係で、中学三年生のときに一年間、インドネシアで暮らしたこと、さらにKLASで学んだ三年間が、未来への夢に大きな影響を与えていると話してくれます。

そして二歳下の弟も、KLASの第八期生。倉井さんから一時帰国したときに聞く話や、両親との国際電話でのやりとりを通して、スイスでの学園生活がいかに楽しいか、ということを聞いて、自分から入学したいと両親に願い出たそうです。

「僕は、一四歳でインドネシアに行ったんですが、着いたとたんに路上で働いている子どもたちを見たり、都心と地方の文化レベルの違いも目の当たりにして、大

卒業式は毎年、エーグル城を借り切って行われる。
卒業生総代は英語でスピーチを行う

きなカルチャーショックを受けたんです、そのときですね、もう少し外の世界を見てみたいと思ったのは。それがＫＬＡＳに入学した大きな理由の一つです。

僕は小さいとき、明石康（元国連事務次長）さんに憧れていた時期があって、そのころから国連のことが頭の中に漠然とあったように思います。カナダの大学を卒業するときに、緒方貞子さん（独立行政法人国際協力機構理事長・元国連難民高等弁務官）のスピーチを聞いて、それでまた、国際機関で働きたいという気持ちが強くなりました。

その後、僕は『自分の分からないことを追求したい』という気持ちから、アメリカの大学院へ進んだんですけど、その卒業式のときのスピーカーがビル・クリントン、元アメリカ合衆国大統領でした。彼のスピーチ能力はすごいなあと思ったものの、でも、政治家にはなりたくない。じゃあ何を目指すかというときに、やはり緒方さんのような仕事をしたいという気持ちが、さらに確信のようにわいてきたのです。

今もまだ迷ってはいるんですが、ここ一年ぐらいで少しずつ踏ん切りがついて、サイエンスのバックグラウンドを生かしながら、食糧問題にかかわりたいと考えているので、それを業務としている国際機関で働けたら、と思っています。

とにかく、海外に出ると、自分のアイデンティティは名前と国籍しかないですから、KLAS生もそうとう愛国心は強いと思いますけど、僕はその後、カナダとアメリカで八年暮らしたので、何かというと、日本人、KLAS生というフラッグを背負いたくなるんです。

まだ、KLAS生は一期生でも三五、三六歳ですから、あと一〇年ぐらいしたら、いろんな所で活躍しているんじゃないですか。みんなもう、表舞台に出るためのセットアップはできているのでしょうから、出たときには、KLASでの経験を反映し、KLASという横のつながりを保ちながら、がんばっていってくれたら、とてもうれしいですね。

本当にKLAS仲間とは、三年間、同じ屋根の下で寝食をともにしますから、感覚的には兄弟に近いですね。で、ある程度、仲良くなってくると、男女間の壁みたいなものもなくなってくるんです。

普通に日本の高校、大学を出た人たちには考えられない、やり過ぎだろうというぐらいの時間を、一緒に過ごしたりすることがあるんですね。だから、将来誰かとつき合ったり結婚したときに、KLASの友だちと会うってことが、相手の女性あるいは男性に、『また、彼らと会うの？』みたいなやきもちを焼かれるのは困るね、って話はよくするんですよ。

やっぱりKLASの仲間は、ほかの友だちとは、ちょっと違う存在なんですよね。でも、あれだけ共有空間で一緒にいるんですけど、プライバシーを侵害されたとかいう記憶が、僕にはまったくないんです。きっと自分が侵害されたくないから相手にも侵害しないという空気が、自然にでき上がっているのだと思います。

三年間で、僕がいちばん成長できたと思うのは『順応性』ですかね。でも、勉学以外に学ぶことがたくさんあって、やはりどれがいちばんかは甲乙つけがたいなあ。でも、あの環境で、いろいろな社会経験、文化的経験をしていくわけですから、自然と『すべてを受け入れる』ようになるのでしょうね。

それから、『意識改革』もずいぶんとさせられました。親もとを離れたことで親の大切さが分かっただとか、人に感謝する気持ちとか、家族愛とか、いろいろな面でですね。おそらくそのままストレートに、日本の高校へ行っていれば、このようなことは感じなかったように思うんですよ。だけどKLASに入ったことで、大学生や若い社会人が体験したり、考えることを、もちろん無意識ですが、高校生の段階で体験できたんですから、これも大きいと思うんです。それは言いかえれば、本当に早い時期に『自立心』が身についたということなのかもしれません」

KLASでユニークな国際教育を受けた生徒たちと話していると、本当に彼らの活躍の場は、日本ばかりではなく、世界に広がっているのだということを痛感します。そんな先輩たちがいるからこそ、後輩たちは素敵な上級生たちを目指して、また、自分の目標に向かって、努力していけるのだということが分かります。

日本では、将来の自分のモデルとなるような、素晴らしい大人たちがまわりに乏しい。また身近な先輩にも、強烈な感化を受ける人は少なくなっているようです。でも、KLAS生に聞くと、ほとんどの生徒が、自分の尊敬する先輩、目指すべきモデルとなる上級生がいることに驚かされるとともに、こんなに素敵な人がいるのなら、日本の若者も捨てたものじゃないと、思わずうれしくなってしまいました。

卒業生に学ぶ在校生たち

そのような先輩、卒業生を在校生たちは、どのように感じているのでしょうか。ここで在校生たちに、憧れの先輩たちのことを具体的に語ってもらいます。

二年生の石畑俊君は、「一昨年の生徒会長の向井祐太さんです」と、即答します。

「僕も生徒会に興味があったので、向井さんに少しでも近づこうと、今年、生徒会長に立候補して選ばれました。本当に、それだけでも憧れだったんですけど、クラブ活動の部長とかもいろいろやっていたし、それでいて現役で京大に合格したんです。リーダーシップはもちろん、人柄もいいので、本当に僕のお手本ですね」

同期の大亀裕貴君は、去年の卒業生たちが憧れだとか。

「スポーツができる人がいたり、勉強のできる人がいたり、音楽のできる人がいたりして、それぞれみんな、強いリーダーシップを持っていました。しかも、みんな仲が良くて。そんな上級生たちがすごくカッコよく思えて、僕らもあんなふうになれたらいいなって、つくづく思います」

「私も、尊敬するのは去年卒業した同室の先輩です。いつも笑顔で明るくて、誰とでもフレンドリーな先輩だったので、通りすがりの先生にも『ハァーイ』と話しかけるんです。英語もじょうずで、今、アメリカの大学へ行っているんですけど、私もあんな先輩になりたい」と言うのは、同じく、二年生の上原沙季さん。

一二年生の山田祐樹君と高須舞さんは、それぞれ二人の先輩に憧れていました。しかも、その二人は良きライバル同士だった、と話してくれます。

「同室は二人とも二年先輩で、僕は二人ともすごく尊敬していて、一人はアメリカの大学へ、もう一人は日本の大学へ行きました。特に日本に帰られた先輩は、今までの僕の人生の中で、いちばん尊敬している人です。

本当に言葉では言いつくせないぐらいなんですけど、その方は、早慶の両方受かって、今は早稲田大学に進学しているんですけど、大学一年時点で公認会計士の試験を受けるとか受けないとか。とにかく彼の一つひとつのワークがすごくしっかりしていて、自分の目標というものを明確に持っていて、その目標のためには今何をすべきなのか、それをするためには次に何をすべきなのかと、計画をしっかり持たれているんです。

KLASの生活の中でも、自分は、この仕事もあの仕事もやらなきゃいけない。じゃ、優先順位はどうする、というふうに、すべて自分で考えてクリアして、しかも、きちんと成果を残している。一年間、間近で接してみて、すごいパワーを感じたんです。だから、日本へ帰ったときに会うんですけど、そのたびにこの人は半端ではないなと、思ってしまうんですよ。

と言っても、スポーツができてガンガンいくぞ!というタイプではなくて、どちらかというとおとなしい感じなんです。俺についてこいではなく、みんなをついてこさせる。黙っていても、みんながついていきたくなるような、カリスマ性を持っているというのかなあ。

僕は、自分でもそういうものを磨きたいし、オーガナイズすることだとか、優先順位を決めるだとか、彼の一挙手一投足が全部、自分のためになるなと思っていて、今までのどの人の話よりも、すごく自分を高めてくれたように思うんです。先輩と一緒の部屋にしてくれた寮父さんには、ありがとうと言いたいですね。本当にラッキーでした。

僕の中学は中高一貫校でしたので、たぶん、そのままエスカレーターで高校まで行っていたら、僕は全然、違うキャラクターになっていたと思うんです。勉強はしたけど、別に部活に入っているわけでも、生徒会活動をしていたわけでもなかった。ただ、勉強しに学校へ行って、友だちとしゃべって遊んで、帰ってきて食べて寝るみたいな、そんな毎日だったんじゃないでしょうか。

それが、ここに入学したことでそういうすごい先輩に出会って、影響を受けまくって、あ、こんなことをしてはいられないな、と気づかされた。

もともと、それまでの自分を変えたいと思ってＫＬＡＳには来たんですけど、その気持ちを先輩が後押ししてくれたんですね。とにかく、やりたいことは全部やれ。少しでも興味を持ったのだったら、やらないで後悔するよりやって後悔しろ、って、背中を押されみたいな感覚だったので、もう突っ走りましたよ」

一方、山田くんの信奉する先輩とライバルだった先輩が憧れだったという高須さんに、彼のどこに魅かれたのかを聞いてみました。

「性格的な問題だと思うんですけど、先輩は、男子寮ではあまり評判が良くなかったようです。女子は男子寮とかかわることが少ないので、男女共通の場でしか話したことはありませんが、私には、彼はすごく独特で、個性的な人だなと感じました。とにかく、あ、あそこにいるのは先輩だ、とすぐに分かる。ほかの人にはない特別なオーラが出ていると言いますか。

勉強ができるとか、スポーツで輝いているということではないんですけど、自分のやりたいことはするけれども、やりたくないことは大嫌い、みたいな人。私には、そこまで自分に正直なこと自体がすごいなと思って。

音楽が大好きで、自分はミュージシャンで生きていくと決めて追い求めていましたけど、不安定な所に身を置くのが彼らしいな、と心底そう思います。私は、不安定な将来ということに恐怖を感じるタイプなので、対照的な彼に、逆に魅力を感じているのかもしれません。もう少し人間関係をうまくすれば、もっといい方向へ行くんじゃないかなって思ったりもして。でも、私は近い将来、必ず花開いてほしいと、心から願っているんです」

そして、同じ二年生の原健祐君は、入学当初、とにかく外へ出て誰でもいいから話そうと決めていた。そんなとき、たまたま話した二年先輩の日高大樹君が憧れだと言います。

「ギター弾いている姿がカッコいいなと思って、興味本位で『教えてください』と言ったら、手取り足取り教えてくれて。先輩とは、今もメールのやり取りをしているんですけど、一年間でその人から学んだというか、本当にすべて教えてくれたんです。とてもよく面倒を見てもらったので、僕も先輩のような人間になりたいと思います」

また、同期の岩立羽衣さんも二年先輩が大きな目標。

「私にとってパーフェクトな女性。だから、悩み事はすぐに相談するんですけど、ぜったいに、それが適切だという答えが返ってくるんです。恋愛相談とかも、よくしました。それと、私は三年間なるべくたくさんのことをやればいいと思っていたんですけど、先輩に『それは違う』と言われたんです。確かに彼女は、本当に自分がやりたいこととか、自分に向いている行事というかプログラムを分かっていて、行事でも一本に絞って、すごく集中して全精力を注いでやっていたんです、そういうやり方を学んだのも彼女から。先輩は今、アメリカの大学で経済学を学んでいます。私も、先輩を見習って、医学部を目指してがんばりたいと思います」

生徒たちはKLASで何を学び、どのような生活を過ごしているのか、その一端はご理解いただけたように思います。私は生徒たちと話していていちばん感じたことは、「お互いがお互いを認め合い、尊敬し合う」ということ。しかし、決して人に頼らず「自分は自分である」ということ。その二つの事柄を、スイスでの三年間で、いや応なしに身につけていくという事実です。

そして、それはやがて「異文化を認め合う」ということ、そして、「個人を認め合う」ということにつながり、生徒たちをグローバルな日本人として導いていく。そのジャンピングボードとして、KLAS が存在しているように感じられたのと同時に、スイスでの三年間が一人ひとりにとって、それほどまでに大きなものなのかと、改めて驚かされました。

ＫＬＡＳの在校生や卒業生の話を聞くたびに、日本の高校生や大学生、社会人とはひと味もふた味も違うなあとつくづく思います。誰もが目的意識を持っていて、自分の進むべき道や夢を、目を輝かせて話してくれるのです。特に卒業生たちが誇らしげに語ってくれたのは、この学校での三年間の生活でした。

在校生たちの身近な憧れの先輩たちはもちろん、すでに卒業した先輩たちが日本や海外で活躍している姿を見て、自分も彼、彼女たちみたいになりたいと、努力を惜しまないのです。そして、それは後輩にも連鎖していき、この学校の伝統として綿々と続いています。これからも、この伝統が絶えることなく、ユニークで個性的なＫＬＡＳの卒業生たちが、世界中で活躍することを期待したい、心から私はそう思いました。

ひとたび海外に出ると、自分が日本人であるということを、いやが上にも意識させられます。その点、ＫＬＡＳで三年間暮らした生徒たちは、国際人である前に、日本人としてのアイデンティティがしっかりと備わっていますから、世界に出ても卑屈にも居丈高になることもなく、平常心、自然体で臨むことができるのだなと、とてもうらやましく思ったものです。

そんな彼らと接するにつれ、いつも私の頭をよぎっていたのは、もし、自分の学生時代にＫＬＡＳが存在していて留学をしていたら、どんな人生になっていたのだろうということ。たぶん、ものの考え方や生き方、仕事の選択など、あらゆることに影響を受けて、今とはまったく違う人生を歩んでいたでしょう。どんな人生だったのか、経験してみたかった気持ちはやまやまですが、それはかなうはずもありません。

私たちの時代は、まだ留学は限られた人たちのことであって、今の子どもたちのように身近ではありませんでした。でも、少子化になり、高校受験も様々な選択肢の中から進路を選べるようになった現在、留学もその一つとして注目されるようになりました。今や、ボーディングスクールへの留学は一部の富裕層だけのものではないのです。一般的なサラリーマン家庭でも、共働きの家庭でも、もう少し上の教育をわが子に受けさせたいということは、さほど難しいことではなくなりました。

実際にＫＬＡＳには、ごく普通の家庭の子どもたちもたくさんいますし、逆にそういう子どもたちは、親が金銭的にがんばって、自分たちを送り出してくれているということにとても感謝をしていますから、そんな両親の期待に応えたいという意識は、裕福な家庭の子どもたちよりも高いような気がします。

二〇代ではなく、一〇代でこのような教育にめぐり合えたことで、子どもたちの人生の可能性は、さらに大きく開けていくと、私はＫＬＡＳの取材を通して痛感させられました。

良い学校というのは、一人ひとりの生徒の資質に合っているということですから、もし、うちの子は合わないと思ったらお勧めはできません。でも、これはうちの子にぴったりだと思われた方は、ぜひ、わが子の背中を押してあげてみてはいかがでしょうか。

今の日本の低迷は目をおおいたくなるほどですが、私はその一因は教育にあると思っています。海外でも通用する人材がなかなか登場してこないのが、その証拠ではないでしょうか。子どもの将来のためというのは当然ですが、ひいては、日本という国のために、真の国際人を生み出すことが必須だと思います。

レザンでの最終日に、思わぬ出会いがありました。本文にも登場していただいた田中夫妻が「ちっとも連絡を寄こさないから、どうしているのやら」とおっしゃっていた息子さん、翔大君にカフェテリアで遭遇し、お話をすることができたのです。毎日とても有意義に過ごしているということが、話の節々からうかがわれましたし、とにかく、本人がスポーツマンらしく、とても明るく元気で、笑顔の素敵な高校生だったのです。よそ様のお子さんながら、「あ、こんなふうに育ってくれたら親としては言うことないな」と思ってしまいました。このような子どもたちが、KLASにはたくさんいます。

目を輝かせて自分の思いや目標を語る生徒たち、今専攻している分野の話や、あるいは、自分の仕事や将来の夢を話す卒業生たちの、確固たる信念を持って突き進む姿に、いくど、「日本の若者も捨てたものではないな」と思ったことでしょう。私は、ここで育った卒業生たちがどんどん世界に羽ばたいていくのが、今から楽しみでなりません。

お忙しい中、こころよくインタビューに応じてくださったみなさま、そしてこの本を手に取ってくださった読者のみなさまに、心からお礼を申し上げます。

最後に、レザン取材での強行軍に、常につき添ってくださった事務長の高山明美さん、時差ぼけで苦しんでいたときも、あなたの笑顔にどんなに救われたことでしょう。さらに、いつも私のお尻を叩いて叱咤激励してくれた担当編集者の赤石忍さんに、感謝!!

大西展子（おおにし・ひろこ）

北海道生まれ。早大卒。女性誌の編集者を経て、フリー。ジャンルを問わず、人物インタビューを中心に、企画、編集、コーディネートの領域で仕事を展開。これまで携わった主な雑誌に『週刊文春』『週刊朝日』『週刊現代』『Ｎｕｍｂｅｒ』『スカイワード』『地上』『メンズクラブ』『ブリオ』『ジュノン』『ラ・セーヌ』『Ｍｙ40's』『エッセ』『ＵＮＯ！』『クレア』『ＰＨＰ』『ダ・ヴィンチ』『ぴあ』などのほか、朝日新聞・学芸欄のファッションインタビューの連載やエッセイの執筆、さらに女性誌や新聞で取材を受けることも。また、単行本のプロデューサーとしても活躍中。著書に『決断の瞬間』（家の光協会）『ファミリー』『さくらうさぎ』（ともにミキハウス）『天本君、吠える！』（ＫＫベストセラーズ）など。

スイスの山の上にユニークな高校がある
スイス公文学園高等部の秘密

2010年9月　初版第一刷発行

著　者　大西　展子
装　丁　唐木田敏彦
挿　画　高田　勲

発行人　土開　章一
発行所　くもん出版
東京都千代田区五番町3－1五番町グランドビル
郵便番号　102－8180
電話番号　03－3234－4001（代表）
03－3234－4004（営業部）
03－3234－4064（編集部）
http://www.kumonshuppan.com/

印刷所　三美印刷

NDC370/くもん出版・256P／188mm・2010年

Printed in Japan　ISBN978-4-7743-1768-7

スイス公文学園高等部 [Kumon Leysin Academy of Switzerland]

所在地　CH1854 Leysin, Switzerland（スイス連邦レザンCH1854）
電　話　+41－24－493－5335
ＦＡＸ　+41－24－493－5300
メールアドレス　klas@klas.ch

■課程・学科など

高等学校（普通科）と同等の課程／全日制・全寮制・男女共学
学年は7月開始、翌年6月終了
文部科学省認定在外教育施設であるＫＬＡＳは、日本の高等学校と同等の卒業資格を得られます。

■沿　革

1990年5月	創立 ヨーロッパ国際学校連盟、スイスインターナショナルスクール連盟に加盟
1992年3月	文部科学省により在外教育施設認定
1993年6月	第1期生卒業
2010年6月	第18期生卒業
2010年7月	第21期生入学

■設立母体

学校法人　公文学園

■問い合わせ先・日本国内連絡先

●スイス公文学園日本事務局
所在地　〒244－0004　横浜市戸塚区小雀町777
電　話　045－853－8231
ＦＡＸ　045－853－8220
メールアドレス　klas@kumon.ac.jp

※ＫＬＡＳについての詳細な情報、最新のニュースは、以下のホームページをご覧ください。

http://www.kumon.ac.jp/klas/